La trampa del amor

Luis Muiño

La trampa del amor

Una reflexión contra el amor romántico, una guía para el amor sano

Papel certificado por el Forest Stewardship Council®

Primera edición: febrero de 2025

Printed in Spain – Impreso en España

ISBN: 978-84-03-52526-9
Depósito legal: B-21.265-2024

Compuesto en Mirakel Studio, S. L. U.

Impreso en Gómez Aparicio, S. L.
Casarrubuelos (Madrid)

AG 2 5 2 6 9

Para Mónica, con quien disfruto del hedonismo
y la energía que proporcionan el amor lúcido.
Y para todos aquellos que buscan nuevos mundos
caminando de la mano con otra persona
sin dejarse atrás a sí mismos

Índice

1

El amor es la droga

Circunstancias eximentes

Hace tres siglos, allá por el año 1726, los profesores de la Facultad de Medicina de la Universidad de Helmstedt (Alemania) se reunieron para dictaminar sobre un caso complejo. Tenían que dilucidar si se podía considerar loco a un joven teólogo luterano que, enamorado de una muchacha calvinista, había empezado a escribir panfletos antirreligiosos. La conclusión fue que, en efecto, el muchacho había perdido el «*iudicium rationis*» (es decir, el sentido común) «*per nimium amores*» (por «esa tontería llamada amor», como luego cantaría Freddie Mercury). De modo que fue absuelto de la acusación de herejía, que es probable que hubiera acabado con una condena a muerte.

¿Es la pasión erótica suficiente motivo como para salir impune de un delito? ¿Debe considerarse que estar enamorados nos exime de la responsabilidad de nuestros crímenes? Aunque nadie respondería afirmativamente a esas preguntas, se diría que el imaginario colectivo acepta que vincularnos a otra persona nos hace perder la razón, incluso a nivel jurídico. En muchos juicios mediáticos actuales, las defensas argumentan repetidamente que el estado de enamoramiento del acusado habría de contemplarse como atenuante de los delitos. Se dice que muchas personas «no pudieron» negarse a lo que les pedía su pareja porque amaban a esa persona.

De hecho, cuando analizamos el extremo de este fenómeno, encontramos una patología psiquiátrica que, en efecto, se ha sopesado como eximente en algunos juicios. Se trata de la erotomanía, un delirio psicótico descrito por primera vez por el psiquiatra francés De Clérambault en 1921. Este problema de salud mental lleva al individuo que lo sufre a creer que es amado por alguien que no le ha dado ninguna muestra de cariño. Esta persona lo rechaza de continuo, lo ignora o, simplemente, no sabe nada de la pretensión romántica del otro. Pero el erotómano cree que el otro le ama y sigue insistiendo. El que padece este trastorno psicológico grave se encierra en un mundo delirante: como cualquier otra psicosis, se basa en ideas resistentes a la refutación porque, si se le hace ver que lo ignoran, el erotómano dirá que es debido a razones secretas.

Lo curioso es que cuando oímos hablar de este trastorno tendemos a pensar en él como una enfermedad exótica y rara. Pero recientes estudios indican que su prevalencia es mayor de lo que pensábamos. Miles de personas padecen este trastorno psicótico en todo el mundo, lo que ocurre es que muchas veces el erotómano mantiene su delirio en secreto. No se lo cuenta a nadie porque sabe que los hechos públicos desmentirían sus pretensiones. Pero los casos de acoso que han sufrido algunos personajes públicos, que incluso llevan a delitos como le ocurrió a Jodie Foster con un admirador que intentó asesinar a Ronald Reagan, muestran que el delirio es más frecuente de lo que creemos.

Pero vayamos más allá: ¿No es cierto que esa convicción de que nuestra pareja nos ama a pesar de que los hechos demuestren lo contrario es parte habitual del enganche amoroso? ¿No somos en realidad todos erotómanos en ciertos momentos de nuestras relaciones? Hace tres siglos unos eminentes teólogos exculparon a alguien al concluir que sus actos habían sido causados por el amor pasional, una adicción de la que no era responsable. Y, de alguna manera, la ciencia actual les daría la razón: cuando estamos rendidos, colados o flechados por otra persona, somos adictos a su cariño y nos comportamos como auténticos yonquis.

¿Queremos o necesitamos?

¿Por qué no se considera el amor como un estupefaciente más? Por una parte, sus efectos físicos son similares a cualquier droga. La adicción que causan las hormonas de la otra persona, el estado de conciencia alterado que nos lleva a perder la racionalidad y el síndrome de abstinencia que genera la ausencia del otro son similares a los de ciertas sustancias como la heroína, el alcohol o la cocaína.

Por otra, a nivel psicológico, también podemos hablar de toxicomanía. La mayoría de los problemas vitales que experimentan las personas que tenemos a nuestro alrededor están causados por el amor pasional. Se trata del tipo de trastornos vitales que provocan todas las sustancias adictivas: personas obsesionadas con su adicción que descuidan el resto de los aspectos de su vida, como la amistad, el trabajo, la familia o la salud. En la mayoría de los casos, el único efecto positivo (al igual que con cualquier droga) es la sensación de euforia del primer momento.

Sin embargo, pocas personas se atreverían a considerarlo un narcótico debido a su prestigio cultural. A partir del Romanticismo, este entontecimiento temporal ha gozado del favor social. Este movimiento cambió de forma radical la percepción del amor en la cultura occidental, promoviendo una visión idealizada y pasional del mismo. Los románticos exaltaban la subjetividad, las emociones intensas y el individualismo, conceptos que encajaron perfectamente con la idea del amor como una fuerza arrolladora y transformadora. El amor romántico, en este contexto, era visto como una experiencia sublime y trágica, un destino inevitable que elevaba o destruía al ser humano.

En su obra *La transformación de la intimidad*, el historiador Anthony Giddens estudia cómo el movimiento romántico contribuyó a sobredimensionar el amor pasional y a resaltar el enamoramiento y el deseo por encima de la estabilidad y el compañerismo. Según Giddens, esta construcción cultural creó expectativas irreales sobre las relaciones, donde la intensidad emocional y la búsqueda de una *media naranja* se convirtieron en el ideal. El amor compañero, basado en la cotidianidad, la lealtad y el apoyo mutuo, fue desplazado a un segundo plano, ya que se consideraba menos emocionante o relevante. De esta forma, el Romanticismo estableció una narrativa en la que el amor se experimentaba a través del sufrimiento, el sacrificio y el arrebato, lo cual ejerció un profundo impacto en la manera en que se vive el amor hasta hoy.

Por eso en la actualidad está mal visto recordar los efectos negativos del amor pasional. El enamoramiento tiene siempre connotaciones positivas, aunque en una gran cantidad de casos sea perjudicial para la persona que vive ese estado. Cuando el flechazo acaba mal (o sea, casi siempre), lamentamos la elección de la persona, no el hecho de haber estado enamorados. Es como si cuestionásemos la elección de una determinada droga... en vez de la toxicomanía en sí.

¿De qué hablamos cuando hablamos de amor?

Te propongo un ejercicio: analiza las letras de las canciones de amor que más te gustan.

Habitualmente sentimos la música, no la diseccionamos. Las melodías nos llegan al sistema límbico (la parte del cerebro encargada de las emociones) sin pasar por el neocórtex (la zona de nuestra racionalidad). Por eso la música nos influye de forma tan visceral, se diría que sin ningún sentido. En la obra de Shakespeare *Mucho ruido y pocas nueces*, Benedick, al escuchar el sonido de una gaita, pregunta: «¿No resulta extraño que los intestinos de la oveja arrebaten las almas de los cuerpos de los hombres?». Y muchos investigadores han tratado de responder a esta pregunta: ¿Por qué nos emocionamos con la música? ¿Qué beneficios hay en dedicar tanto tiempo y energía a elaborar y escuchar esos ruidos breves y ligeros?

Fíjate en lo que dicen tus baladas preferidas. Quizá ahí encontremos algunas de las respuestas a este fenómeno. La primera impresión, cuando propongo este ejercicio, suele ser de decepción: el contenido es tremendamente tópico y repetitivo. A mí me ocurrió: cuando me puse a analizar canciones, me di cuenta, por ejemplo, de que no habría disfrutado tanto con los Beatles si hubiera sabido más inglés.

Después me topé con una certidumbre: muchos de mis temas clásicos celebran la dependencia emocional. «Sin ti nada tiene sentido», «No puedo vivir si no estás a mí lado» o «Nunca te olvidaré» deben de ser las frases más repetidas en la historia del pop. Las canciones que más nos han conmovido aplauden los cambios anímicos inexplicables, ensalzan al que no es capaz de dejar atrás un antiguo amor y glorifican los actos irracionales que cometemos por un resentimiento supuestamente romántico. Por el contrario, es muy difícil encontrar ejemplos de baladas en las que se hable de la negociación en la pareja, de empatía hacia la otra persona o de crecimiento personal conjunto.

Un ejemplo: la famosa canción «Every Breath You Take» de The Police. A primera vista parece una simple balada de amor, pero, si escuchamos con atención, nos damos cuenta de que en realidad es una oda a la obsesión. La letra, que incluye frases como «*Every breath you take, every move you make, I'll be watching you*» («Cada vez que respires, cada movimiento que hagas, te estaré observando»), refleja un amor que ha cruzado la línea hacia la obsesión y el control. A pesar de esto, muchos la han interpretado como una declaración de amor romántico, lo que demuestra lo arraigado que está el concepto de amor adictivo en nuestra cultura.

Otro ejemplo: Paquita la del Barrio, mitificada en ambientes modernos, afirma en una de sus canciones: «Tú no sabes el mal que tu boca me hizo [...] / fue el comienzo de larga condena / que un día tendrá fin / pusiste en la boca tan dulce veneno / que en la vida llevo / como maldición». Después le ruega a su amante: «Hoy a ti de rodillas llorando me acerco / a que me des otro beso / y acábame de matar».

Y la inquieta Pink, en un arranque probablemente autobiográfico, justifica a los que no abandonan una relación destructiva de adicción a la tensión interpersonal: *«Please don't leave me / I always say how I don't need you / But it's always gonna come right back to this / Please, don't leave me / I forgot to say out loud how beautiful you really are to me / I can't be without, you're my perfect little punching bag / And I need you, I'm sorry»*. «Por favor, no me dejes / Siempre digo que no te necesito / Pero siempre te quiero de regreso / Por favor, no me dejes / Me olvidé de decir en voz alta lo hermoso que eres para mí / No puedo estar sin ti: eres mi perfecto saco de boxeo / Y por eso te necesito, lo siento».

Morir de amor está bien visto

«Love is the drug», cantaban Roxy Music. El amor es la droga, porque el origen adaptativo de este sentimiento es mantenernos ligados durante muchos años a la persona con la que vamos a perpetuar nuestros genes. A lo largo de la evolución, el amor romántico ha desempeñado un papel crucial al fomentar vínculos duraderos entre parejas, lo que a su vez ha asegurado la protección de los hijos y el éxito de la especie.

De manera literaria, el poeta inglés lord Byron capturó esta noción cuando escribió: «El amor será siempre el tirano del hombre, pero feliz es el que cae bajo su dulce dominio». La metáfora de Byron refleja cómo el amor, pese a ser placentero, puede esclavizar a la mente humana y devenir en una experiencia compulsiva.

Asimismo, la escritora Emily Brontë retrata el amor como una fuerza incontrolable en su novela *Cumbres borrascosas*, donde el protagonista, Heathcliff, expresa: «Lo que sea que nuestras almas estén hechas, la suya y la mía son iguales». El amor es una obsesión que conecta profundamente a dos seres, similar a una adicción que es casi imposible de romper.

Volvamos al misterio de la pervivencia evolutiva de la música. ¿Quizá esta sea una de las razones de la existencia de este fenómeno? ¿Creamos baladas adictivas para que nuestro sentimiento de amor se perpetúe? ¿Por eso, cuando estamos en duelo, nos dedicamos a escuchar música triste que nos hace profundizar en el sentimiento, en vez de oír canciones alegres que nos saquen de él?

Ya que nos hemos atrevido a insinuar una hipótesis tan maquiavélica, vayamos un paso más allá. ¿Es también posible que muchos otros fenómenos culturales sirvan, en realidad, para perpetuar la adicción amorosa? Hablemos de otro tema: las historias que contamos, los relatos que tienen éxito cultural.

Cleopatra, la reina de Egipto, y Marco Antonio, el poderoso general romano, se conocieron en el año 41 a. C. Su relación fue intensa desde el principio, alimentada tanto por la atracción física como por el poder político. Pero lo que comenzó como una alianza estratégica pronto se transformó en una dependencia mutua que los llevó a ambos a la ruina.

La historia de su amor está marcada por decisiones irracionales, batallas perdidas y un final trágico. Marco Antonio, cegado por su amor por Cleopatra, ignoró sus deberes en Roma, alienó a sus aliados y, finalmente, perdió la batalla decisiva en Actium. Cuando todo estuvo perdido, ambos se suicidaron, prefirieron la muerte antes que vivir el uno sin el otro. Esta relación, que muchos describen como uno de los grandes amores de la historia, es en efecto un caso claro de amor adictivo, donde la pasión se convierte en una necesidad tan apremiante que acaba destruyendo a ambos amantes.

Desde Tristán e Isolda hasta Kurt Cobain y Courtney Love, pasando por Napoleón y Josefina o Pablo Picasso y Dora Maar, la inmensa mayoría de los grandes idilios que nos gusta narrar son, en realidad, vínculos tóxicos basados en adicción hormonal. Es más, quizá ese sea el éxito de estas historias: las contamos para que perviva culturalmente la idea de que la dependencia emocional es una buena estrategia.

La bioquímica de la adicción

De hecho, durante casi toda la evolución de la humanidad, lo fue. El psicólogo Glenn Geher, uno de los investigadores que tratan de ofrecer explicaciones científicas para esta facilidad que tiene el amor para degenerar en un comportamiento tóxico, argumenta que, desde un punto de vista evolutivo, el rechazo nos lleva a la insistencia porque durante muchas épocas de la historia perder una relación aumentaba demasiado las probabilidades de quedar fuera del apareamiento, un callejón sin salida a nivel evolutivo. Las demostraciones de tiempo, atención y energía que hacen los *adictos al amor*, que ahora nos parecen ridículas, fueron en otra época adaptativas. Los competidores en la carrera del apareamiento podían rendirse ante un rival dispuesto a sacrificarlo todo, aunque en principio fueran ganando.

Pero ¿por qué el amor puede llegar a ser tan adictivo? La respuesta, como ocurre con muchas cosas, está en nuestro cerebro. Cuando nos enamoramos, nuestro cerebro libera una cascada de neurotransmisores que nos hacen sentir bien: dopamina, oxitocina, serotonina y norepinefrina. Estas sustancias químicas son las responsables de la euforia que sentimos cuando estamos con la persona que amamos y son, en gran medida, las mismas que se liberan cuando consumimos drogas como la cocaína.

La neurocientífica Helen Fisher ha investigado extensamente el fenómeno del amor romántico y sus efectos en el cerebro. Fisher descubrió que las áreas del cerebro activadas durante las primeras etapas del enamoramiento son las mismas que se activan durante una adicción. En un estudio,

Fisher y su equipo utilizaron imágenes de resonancia magnética funcional (fMRI por sus siglas en inglés) para observar los cerebros de personas que estaban profundamente enamoradas. Descubrieron que el área tegmental ventral, una región del cerebro asociada con el sistema de recompensa, mostraba una actividad intensa. Esta área es la misma que se activa en las personas con una adicción a las drogas, lo que sugiere que el amor romántico puede ser tan adictivo como una sustancia química.

La pasión inicial, nos recuerda esta investigadora, nos inunda de hormonas como la dopamina y la oxitocina. La primera nos produce un continuo estado de éxtasis, que ni siquiera tiene que ver con que la relación esté funcionando bien. Por eso estamos hiperactivados y nos sentimos subjetivamente felices, incluso si la otra persona no nos corresponde en realidad. Bastan unas palabras esperanzadoras del otro para que volvamos a estar radiantes. La segunda sustancia, la oxitocina, es la que nos genera una total confianza en la otra persona para que creamos que no nos puede hacer daño. Gracias a ella, damos por hecho que no hay ningún problema... por la mera razón de que todavía no han surgido.

Colleen Sinclair, profesora de Psicología en la Universidad Estatal de Mississippi, afirma que tenemos dificultades para diferenciar la experiencia sana de la experiencia tóxica porque se trata de un continuo de emociones y la línea entre unas y otras es muy sutil. En uno de los polos del continuo estarían las iniciativas habituales de cortejo: buscamos llamar la atención de la otra persona, aunque todavía no estemos seguros de ser correspondidos. En el otro extremo estarían las conductas que hoy entendemos como acoso, en las cuales imponemos nuestro amor sin tener en cuenta la opinión del otro. Como cualquier continuo, la forma de decidir si estamos a un lado o al otro es la cantidad. Lo que debe ponernos sobre aviso es la frecuencia de los wasaps, la intensidad con la que nos interesamos por la vida del otro cuando no está con nosotros o incluso el volumen de nuestras atenciones (¿una docena de rosas en ciertas ocasiones especiales o flores a todas horas que llenan las habitaciones?).

El siniestro mecanismo de las máquinas tragaperras

A nivel psicológico, la confusión es también muy plausible. Aceptamos como normal el hecho de que la mayoría de los problemas vitales de las personas que tenemos a nuestro alrededor están causados por el amor pasional. Oímos habitualmente hablar de personas obsesionadas con su historia de amor que descuidan el resto de los aspectos de su vida, como la amistad, el trabajo, la familia o la salud. Y ninguno de esos síntomas, psicológicos o físicos, desaparecen con facilidad por el rechazo del otro. ¿A qué se debe ese enganche?

Una de las variables que encontramos en todos los vínculos puede ayudarnos a entenderlo. Se trata del refuerzo alterno, un concepto clave en la psicología conductual, que se refiere a la variabilidad en la entrega de recompensas o estímulos positivos. A diferencia de los refuerzos constantes, donde la recompensa se otorga cada vez que ocurre un comportamiento, en el alterno la recompensa se ofrece de manera intermitente, lo que refuerza la conducta de forma más poderosa y duradera.

Este tipo de refuerzo sigue un esquema irregular, donde una persona no sabe cuándo recibirá la gratificación por sus acciones. Por ejemplo, una máquina tragaperras en un casino puede no dar premios durante varias rondas, pero luego ofrecer un gran premio inesperado. Esta incertidumbre mantiene a las personas jugando, con la esperanza de que la siguiente vez obtendrán una recompensa.

En términos más generales, el refuerzo alterno es un mecanismo psicológico que sostiene la expectativa. El cerebro humano está programado para disfrutar de la anticipación, lo que se activa mediante la liberación de dopamina, un neurotransmisor relacionado con la motivación y el placer. En el caso del refuerzo alterno, el hecho de no saber cuándo se va a recibir la recompensa mantiene al cerebro en un estado constante de expectativa y, por tanto, de activación.

El investigador B. F. Skinner, uno de los pioneros en el estudio del condicionamiento operante, demostró que los refuerzos variables eran más efectivos para mantener una conducta que los refuerzos constantes. Este principio se aplica tanto a las dinámicas adictivas en los juegos de azar como en las relaciones interpersonales.

El refuerzo alterno tiene un poder notable porque mantiene el cerebro en un ciclo de anticipación y frustración. Cada vez que recibimos una pequeña recompensa, nuestro cerebro la registra como un éxito, pero, cuando no la recibimos, la ausencia del refuerzo incrementa nuestra motivación para seguir intentándolo. Esta mecánica genera un circuito de retroalimentación donde la expectativa se convierte en el motor de nuestras acciones.

Cuando una persona experimenta refuerzos de manera alterna, el cerebro no solo espera una recompensa inmediata, sino que también asume que puede estar cerca, lo que provoca que siga buscando la gratificación. Esta sensación de expectativa constante y la liberación intermitente de dopamina son factores que generan adicción, tanto en juegos de azar como en las relaciones afectivas.

El amor, sobre todo en sus primeras etapas, opera de una manera sorprendentemente similar al refuerzo alterno. En una relación, las interacciones positivas no son siempre predecibles. Los gestos de afecto, las palabras cariñosas y las muestras de atención pueden variar de un día a otro, lo que mantiene a las personas en un estado de constante expectativa. Un día puedes sentirte extremadamente amado y al siguiente la ausencia de atención o afecto te genera dudas y ansiedades.

Este ciclo es adictivo. Cuando el amor o la atención se reciben de manera impredecible, el cerebro entra en un ciclo de recompensa y anticipación, lo que intensifica la necesidad de mantener la relación.

En la literatura, también encontramos descripciones de cómo el amor puede ser adictivo. En su obra *El banquete*, Platón se refiere al amor como una forma de locura divina que consume a quienes la experimentan. Este ciclo de emociones fluctuantes se refleja en la siguiente cita del poeta W. H. Auden: «El amor es el dolor insustituible».

Auden sugiere que, a pesar de las situaciones dolorosas, las personas no pueden desprenderse del deseo de amor, ya que los momentos de gratificación emocional se vuelven irresistibles.

Otro autor que aborda esta temática es Stendhal en *De l'amour*, en la que describe el proceso de enamoramiento como una forma de cristalización, donde los pequeños gestos y acciones de la persona amada adquieren un brillo desmesurado. Esta exaltación de lo mínimo es justo lo que hace que el refuerzo alterno sea tan poderoso: las pequeñas muestras de afecto o atención adquieren un valor desproporcionado porque no son constantes.

El psicólogo John Bowlby, conocido por sus estudios sobre el apego, también identificó que las relaciones amorosas siguen patrones similares a los del refuerzo alterno. En su teoría del apego, Bowlby ilustra cómo la incertidumbre en el vínculo con una figura de apego puede generar una búsqueda constante de proximidad y validación, lo que explica, en parte, por qué algunas personas se enganchan emocionalmente a relaciones inestables o fluctuantes.

En resumen, el refuerzo alterno en el amor genera un ciclo adictivo en el que la expectativa de recibir afecto y la variabilidad en su entrega mantienen a las personas enganchadas a nivel emocional. Como en el caso de una máquina tragaperras, la esperanza de recibir gratificación es lo que lleva al individuo a continuar invirtiendo emocionalmente, incluso cuando las recompensas son esporádicas e inciertas.

¿Tiene sentido seguir enganchados al enganche?

Porque hoy en día la insistencia suele ser improductiva y el que se obsesiona casi nunca consigue seducir al objeto de su deseo. El amor, en el siglo XXI, no se ruega, se conquista. Y gozar de una buena *salud amorosa* supone ser consciente de las diferencias entre el amor y la dependencia amorosa. En nuestra época no tiene ningún sentido aceptar una obsesión como una experiencia sana. De hecho, la adicción hormonal que nos conduce a vivir un vínculo como si lo único importante fuera perpetuarlo es la que produce más problemas de pareja en el mundo moderno.

Hace más de treinta y cinco años que hago psicoterapia. Y la mayoría de las dificultades que veo en parejas tienen que ver con esa pulsión paleolítica que nos hace concentrarnos en que la pareja dure para siempre, en vez de centrarnos en vivir el presente. Un ejemplo: creamos hábitos conjuntos (almorzar todos los domingos en el mismo restaurante, tener sexo todos los sábados, hablar por teléfono todas las noches antes de dormir) que luego acaban esclavizándonos y matando la pasión.

Cada vez está más introducida, en la cultura popular, la idea de que, al igual que con cualquier otra adicción, el amor es insano cuando lleva a comportamientos destructivos. Cuando estamos obsesionados con una persona, podemos hacer cosas que en condiciones normales no haríamos: perseguir a alguien que no nos corresponde, ignorar nuestras propias necesidades y las de nuestros seres queridos, o aferrarnos a una relación que es claramente dañina. Pero quizá la cuestión vaya más allá: incluso en amores que están funcionando, los síntomas adictivos son la peor parte del sentimiento, porque en el siglo XXI la prioridad no debe ser que el amor dure para siempre.

Redes sociales: el combustible para el amor obsesivo

En la era digital, el amor adictivo ha encontrado un nuevo aliado: las redes sociales. Instagram, Facebook, TikTok y otras plataformas han cambiado la forma en que experimentamos y expresamos el amor. Lo que antes era una relación privada ahora se convierte en un espectáculo público, donde cada gesto, cada palabra y cada momento se comparte, se comenta y se analiza.

Las redes sociales no solo han amplificado los efectos del amor adictivo, sino que también han creado nuevas formas de obsesión. El *stalking* en línea, por ejemplo, es un fenómeno reciente en el que una persona sigue obsesivamente a otra a través de sus perfiles en redes sociales. Esto puede incluir no dejar de revisar las publicaciones de la persona, analizar cada «me gusta» y comentario, y hasta tratar de reconstruir sus interacciones fuera de línea. Este comportamiento, aunque común, es una señal clara de amor adictivo y puede desembocar en un ciclo interminable de angustia y desesperación.

En 2005, cuando los móviles aún no condicionaban tanto nuestra vida, una operadora de telefonía sueca decidió averiguar cuánto se respetaba el derecho a la intimidad de la pareja. La encuesta arrojó resultados inquietantes: dos de cada tres parejas espiaban los mensajes de texto y el buzón de voz de la otra persona. Aprovechaban, para ello, los descuidos de su media naranja: horas de sueño, ratos en el cuarto de baño...

Da la impresión de que internet se ha convertido en un Gran Hermano desde donde los obsesivos pueden controlar a la persona amada. Científicos como Luis Felipe El Sahili, autor del libro *Psicología de Facebook*, nos recuerdan que las redes sociales y el uso extendido de WhatsApp aumentan el riesgo de convertirnos en *vigilantes* de las personas con las que mantenemos una relación. Es demasiado tentador revisar las fotos que nuestra pareja sube a internet, los comentarios que recibe, las solicitudes de amistad, el tiempo que dedica a escribir mensajes y las conversaciones que mantiene con todos sus amigos. Tenemos herramientas para convertirnos en espías de la otra persona. Y ese poder puede volverse en contra de nosotros, con lo que se incrementa nuestro nivel de obsesión, algo que está muy lejos de incrementar el amor.

La vigilancia continua convierte la relación en una obsesión. El individuo que vive en una persistente inseguridad amorosa está en un permanente estado de estrés. Es el incesante rumiar que describía la escritora Erma Bombeck con una metáfora ya clásica: «La preocupación es como una mecedora: te da algo que hacer, pero nunca te lleva a ninguna parte».

Además, las redes sociales han fomentado una cultura de comparación constante, donde medimos el éxito de nuestras relaciones en función de lo que vemos en las vidas *perfectas* de otros. Este entorno puede agravar la necesidad de atención y validación en las relaciones, lo que a su vez alimenta el ciclo de la adicción al amor. Cuando vemos a otras parejas compartiendo sus momentos felices, sentimos la presión de hacer lo mismo, lo que puede derivar en una obsesión por mantener una imagen idealizada de nuestra relación, incluso si esa imagen no refleja la realidad.

De acuerdo con un estudio realizado por la Universidad de Toronto, las personas que pasan mucho tiempo en las redes sociales tienen más probabilidades de experimentar celos en sus relaciones románticas. El estudio reveló además que las redes sociales pueden exacerbar los sentimientos de inseguridad y ansiedad en las relaciones que pueden implicar conductas obsesivas y adictivas. Este tipo de comportamiento no solo afecta nuestra salud mental, sino que también daña nuestras relaciones, con lo que se crea un ciclo vicioso de adicción y dependencia emocional.

Experimentando el amor adictivo: estudios y hallazgos

La psicología moderna ha investigado ampliamente el fenómeno del amor adictivo, y los hallazgos son tan fascinantes como alarmantes. Uno de los estudios más reveladores fue realizado por la psicóloga Dorothy Tennov, quien acuñó el término limerencia para describir el estado obsesivo que caracteriza el amor adictivo.

La limerencia se define como un estado involuntario de profunda obsesión romántica por otra persona, acompañado de un deseo abrumador de reciprocidad. Tennov descubrió que la limerencia es más común en las primeras etapas de una relación, pero que puede persistir durante años si no se maneja de manera adecuada. Las personas en un estado de limerencia experimentan altos niveles de ansiedad, pensamientos intrusivos y un deseo constante de cercanía con la persona amada. Aunque es una fase normal en muchas relaciones, puede convertirse en un problema cuando se prolonga o cuando se convierte en la base de la relación.

Los enfermos de amor que no pueden comer ni dormir siguen siendo legión y muchos van tan lejos como acosar y acechar al amante que los rechazó. Da la impresión de que hay un pasado evolutivo que los seres humanos tenemos aún que trabajar para que nuestros amores no se conviertan en obsesivos. Depender del otro es parte de la experiencia amorosa. En muchos casos, esa necesidad acaba por convertirse en una trampa si no se maneja adecuadamente. Es importante reconocer los signos del amor adictivo y tomar medidas para evitar que se convierta en una fuerza destructiva en nuestras vidas. Como decía Bruno Bettelheim: «En el mundo actual no podemos seguir satisfechos con una vida donde el corazón tiene razones que la razón no comprende. Nuestros corazones deben conocer el mundo de la razón, y esta ser guiada por un corazón bien informado».

Autores como el psicólogo inglés Frank Tallis nos están haciendo replantearnos si debemos ser meros aceptadores de esta variable incluida en el amor romántico. Como él nos recuerda, si cambiáramos nuestra concepción y etiquetáramos la adicción como una enfermedad, sería sencillo introducirlo en los manuales de diagnóstico. Y quizá podríamos descubrir medicaciones para *curarnos* de ese efecto.

A algunos ahora les parecerá un planteamiento frío y carente de empatía. Pero quizá en unas décadas se recuerde a estos detractores del ciego Cupido que descubrieron pastillas para desengancharnos de ciertos vínculos como héroes que aliviaron el sufrimiento del ser humano. Todos hemos padecido años enteros de angustia inútil por estar enamorados de alguien que ahora nos resulta indiferente. ¿Qué habríamos hecho si hubiera existido una pastilla capaz de frenar nuestra dependencia de esa persona? ¿La habríamos tomado?

2

El fantasma de los celos

Pulsiones cavernícolas

Los seres humanos actuales somos criaturas divididas que intentan conciliar hormonas del Paleolítico e instituciones del Imperio romano con la mentalidad del siglo XXI. En muchos fenómenos psicológicos (la envidia, la desconfianza o el orgullo) el resultado es un collage bastante caótico, pero con suficiente equilibrio. Reconvertimos, por ejemplo, nuestra pelusa visceral en motivación de logro y así conseguimos que la envidia insana del hombre de las cavernas se transforme en la sana competitividad del hombre moderno. De la misma manera, maquillamos nuestro comportamiento convirtiendo la ancestral desconfianza suspicaz en leyes que regulan toda nuestra vida y el orgullo fatuo de los primeros *Homo sapiens* en likes a selfis que aumentan nuestra autoestima. Un observador extraterrestre que viera nuestra vida moderna y urbana desde fuera no sospecharía que escondemos un cavernícola dentro.

Pero hay un asunto en el que parece imposible disimular nuestro lado ancestral: los celos. Esta sensación tan desasosegante está tan asociada al amor romántico que san Agustín afirmó: «El que no tiene celos, no está enamorado». Hoy en día, sin embargo, nos sentimos tan avergonzados de esa pulsión irracional que la negamos. Una estrategia que solo consigue acentuar su efecto: no podemos luchar contra aquello que no vemos.

A nivel biológico los seres humanos seguimos siendo prácticamente los mismos que nuestros antepasados cazadores-recolectores. Y cuando nos enamoramos, nos inundamos de las mismas hormonas que nuestros primeros antecesores. Las sospechas amorosas fueron clave para la supervivencia en el Paleolítico. Imagina un *Homo sapiens* de la época de las cavernas que ve a otro competidor dormir demasiado cerca de aquella por la que él siente una atracción ardiente. La pulsión de ese humano primitivo le hace desear que ella sea la futura madre de sus hijos y se pone en alerta al sentir esa punzada de angustia. Gracias a esa sensación inquietante, alejará a posibles rivales y se asegurará de que los recursos (como la comida y la protección) sirvan para alimentar su patrimonio genético. Somos descendientes de los que sintieron esos celos y aumentaron las probabilidades de supervivencia de su prole: los menos desconfiados se dedicaron a criar los hijos de los demás y no nos legaron sus genes. En un entorno hostil en el que sacar adelante a la prole era muy difícil, economizar esfuerzos y dedicarlos solo a los tuyos fue esencial.

¿Cómo logran nuestros recelos captar con tanta eficacia nuestra atención desde hace miles y miles de años? Gracias al sistema nervioso. Cuando sentimos celos, se activan las mismas regiones cerebrales que cuando experimentamos dolor físico. Las áreas involucradas incluyen la corteza cingulada anterior y la ínsula, dos zonas del córtex cerebral que, curiosamente, procesan el dolor y, a la vez, nos ayudan a tomar decisiones. En general, el tormento que sentimos es un mecanismo esencial para la supervivencia: nos advierte de que algo va mal. «El amor es fuerte como la muerte, pero los celos son crueles como el sepulcro», dice el Cantar de los Cantares de la Biblia. En el caso de los celos, el dolor emocional nos indica que nuestra pareja podría estar en peligro de ser «robada», y, si eso sucede, perdemos la oportunidad de pasar nuestros genes a la siguiente generación.

Además, por si fuera poco, no solo es el cerebro el que entra en juego, sino que las hormonas también hacen su parte en este guion del drama evolutivo. La oxitocina, por ejemplo, la hormona del amor y de los abrazos, que se asocia con la formación de vínculos y la confianza, el apego y la empatía, juega a dos bandas. Esta sustancia se libera durante momentos de intimidad, como los besos o el sexo. En este sentido, su papel ha sido tradicionalmente visto como positivo, puesto que fortalece los lazos en las relaciones románticas y fomenta comportamientos prosociales. Sin embargo, investigaciones más recientes han revelado su lado más complejo, sobre todo en cuanto a los celos. Al aumentar la cercanía emocional, la oxitocina incrementa la sensibilidad ante posibles amenazas, como la infidelidad o la pérdida del ser querido, lo que hace que los celos florezcan cuando las personas sienten que su relación está en riesgo. Un estudio publicado en 2014, por ejemplo, mostró que la administración de oxitocina intensificaba los sentimientos de celos en hombres y mujeres que ya experimentaban inseguridad con sus parejas. Este hallazgo sugiere que la oxitocina no actúa solo como un pegamento social, sino que también puede amplificar la ansiedad relacional.

La verdadera estrella del show hormonal de los celos es la vasopresina. Esta sustancia está relacionada con los comportamientos protectores hacia la pareja y con la monogamia. Los estudios en animales, especialmente en los ratoncitos de pradera,[1] han demostrado que los machos con mayores niveles de vasopresina muestran una mayor fidelidad y más celos hacia posibles rivales. En humanos, las variantes genéticas que afectan a la producción de vasopresina también parecen influir en los niveles de celos y la tendencia a proteger la relación. Cuando sentimos ese dolor tan agudo al ver a nuestra pareja sonreírle a otra persona, es la vasopresina, que intenta ayudarnos a estar atentos a los posibles competidores.

El dolor que experimentamos tiene un propósito: motivarnos a hacer algo al respecto. Como dijo alguna vez el filósofo Robert Solomon: «El dolor de los celos es, en realidad, el dolor de la amenaza de perder algo que valoramos». Es como una alarma de incendio que suena fuerte para que no podamos dejar de escucharla. Si los celos fueran suaves y llevaderos, los ignoraríamos y, antes de darnos cuenta, nuestra pareja estaría ocupada extendiendo sus genes con

---

[1] Young, L. J., Nilsen, R., Waymire, K. G., MacGregor, G. R., e Insel, T. R. (1999), «Increased affiliative response to Vasopressin in Mice Expressing the V1a Receptor from a Monogamous Vole», *Nature*, 400(6746), 766-768. https://doi.org/10.1038/23475.

alguien más. El dolor, por tanto, es una estrategia evolutiva para asegurar que actuemos con rapidez y eficacia.

Diferencias que vienen de antiguo

Una de las señales de que estamos ante sensaciones predefinidas en nuestro software biológico es que existen diferencias marcadas entre hombres y mujeres a la hora de experimentar este sentimiento. Los científicos han encontrado claves de que los celos están asociados al sistema hormonal masculino y femenino y a nuestra evolución como especie.

Una reciente investigación realizada por la Universidad de Palermo (Argentina), la Universidad de Groninga (Holanda) y la Universidad de Valencia (España), por ejemplo, arrojó resultados curiosos acerca de cómo influye el género en este fenómeno. ¿Qué tipo de personas activan nuestros celos? Aunque hay características que parecen estar mediadas por nuestro origen cultural, según este estudio, la respuesta a la pregunta depende también en gran parte del género al que pertenecemos. Los celos son, fundamentalmente, un producto de la imaginación. Y, aunque nos cueste reconocerlo, esta viene dictada por nuestras hormonas.

Por ejemplo, en términos generales, los varones holandeses se veían amenazados cuando el tercero en cuestión tenía más estatus social y mayor dominancia social o física. En cambio, las mujeres holandesas experimentaron celos cuando fueron confrontadas con alguien que tenía un mayor atractivo físico o conductas más seductoras.

Los varones argentinos y españoles también se sienten amenazados cuando un rival tiene mayor poder y dominio social. Pero añaden como peligrosos el buen trato, la afabilidad y el carisma, algo que no resultaba amenazante para los holandeses. Lo mismo ocurre con las mujeres argentinas y españolas: además de la cuestión física, añaden esas características psicológicas del rival a sus motivos de preocupación. En todos los casos, la biología nos hace inquietarnos cuando aparecen rivales que ponen en riesgo nuestro patrimonio genético; después la sociedad nos lleva a decidir cuál es el mayor riesgo en nuestra cultura en particular. El amor romántico solo es una pátina superficial que esconde recelos ancestrales.

Otro ejemplo: los estudios del doctor David M. Buss, psicólogo evolucionista de la Universidad de Texas, se han convertido en clásicos a la hora de analizar otra diferencia entre hombres y mujeres. Su objetivo era tratar de analizar si existe algún patrón universal en los celos que indicara un origen biológico. Los resultados fueron rotundos: en todas las culturas, los hombres sufren más celos sexuales, y las mujeres, celos emocionales. Es decir, para ellos lo más duro es que su pareja se acueste con otras personas. Para ellas, sin embargo, la idea insoportable es la de que su pareja se enamore de alguien.

¿Cómo explica el autor la universalidad de esta dicotomía? Al igual que muchos psicólogos evolucionistas, Buss tiene un argumento para dar respuesta al misterio. Según su hipótesis, los celos son un producto de la evolución que tiene como objetivo evitar la pérdida de relaciones importantes. Pero en una sociedad machista, los riesgos de la pérdida son distintos para hombres y mujeres. El óvulo es más caro biológicamente y eso lo convierte en un producto que hay que cuidar más. Y por eso una mujer tiene que estar segura de la inversión que hace. Un hombre, sin embargo, puede arriesgar espermatozoides dada su gran cantidad. Pero, eso sí, debe cerciorarse de que dedica los esfuerzos de crianza a sus propios genes. Es decir, tiene que asegurarse de que el hijo es suyo.

El resultado es, según los partidarios de esta teoría, una tendencia diferente en las inquietudes amorosas de hombres y mujeres. Y, por eso, en tantas culturas los hombres temen más la infidelidad sexual, y las mujeres, la infidelidad emocional. Esa sería la tendencia biológica. Pero de nuevo, como ocurría con la investigación anterior, el ciudadano del siglo XXI está encantado de usar su neocórtex (la zona del cerebro que se encarga de nuestros pensamientos más analíticos) para hacer pasar estos sentimientos como algo racional, aunque la pulsión soterrada sea la misma que en la época de las cavernas. En una investigación posterior, el doctor David DeSteno ha mostrado cómo cambian los resultados cuando se pide a los encuestados que piensen más y sientan menos. El método de Buss consistía en pedir a las personas que evocaran una relación amorosa, se plantearan las dos formas de infidelidad (sexual y emocional) y decidieran cuál les parecía más inquietante. Usando esta técnica, en todas las culturas se encontraban diferencias de género. Pero el doctor DeSteno efectuó sus estudios de otra forma. Pidieron a los sujetos del estudio que midieran, en una escala del uno al siete, cuánto les molestaría cada una de las dos formas de infidelidad. Cuando utilizaban esos otros tipos de métodos, la brecha entre hombres y mujeres desaparecía: ambos sexos decían que les inquietaba más la infidelidad sexual, porque casi siempre incluye algún tipo de vínculo emocional. La tendencia biológica se maquilla cuando usamos la razón, pero es algo que en la vida diaria pocas veces hacemos. En la gran obra sobre este tema, William Shakespeare hace decir a Otelo: «¡Oh, monstruo de ojos verdes que se burla de la carne de la que se alimenta!». Esa es la fuerza con la que se siente este fenómeno en el día a día: así es difícil pararse a pensar.

Lo inconfesable

Nos cuesta admitirlo, pero el origen predeterminado de los celos es tan claro que no somos diferentes a otras especies en esa pulsión. En 2011 un equipo de científicos japoneses llevó a cabo un experimento curioso sobre los celos. En este estudio se colocó a perros frente a sus dueños mientras estos interactuaban con otros perros o con objetos inanimados (un peluche, en este caso). Los investigadores midieron los niveles de oxitocina en los perros y descubrieron que, cuando sus dueños prestaban atención a los otros perros, los niveles de oxitocina de los perros observadores caían de manera drástica, lo que sugería una reacción de *celos*.

A pesar de la obviedad del origen biológico, el amor romántico ha aceptado estas sensaciones viscerales sublimándolas como parte del enamoramiento supuestamente espiritual. Incluso Woody Allen, el gran representante de la sofisticada cultura urbanita actual, afirmó con ironía: «Amar es sufrir. Para evitar el sufrimiento uno no debe amar. Pero entonces uno sufre por no amar. Por tanto, amar es sufrir, no amar es sufrir, y sufrir es sufrir». Parece que la sociedad ha recogido esta asociación biológica de la que hablé al principio entre amor y dolor y la ha magnificado y convertido en algo inevitable. El amor romántico ha sublimado un mecanismo prosaico de alarma visceral disfrazándolo de misión épica de tortura espiritual. Y nosotros nos lo hemos creído.

Y todo eso a pesar de que este mecanismo es inútil y caduco por varias razones. Una de ellas es que intentar controlar a nuestra pareja no asegura el éxito reproductivo: todos creemos en la libertad y quien nos la quiere coartar suele salir mal parado. La otra es que los celos son un mecanismo irracional: aunque quisiéramos asegurarnos de que nuestra pareja nos es fiel, este sentimiento no nos ayudaría, porque funciona con intuiciones viscerales que suelen ser erróneas. Llevo casi cuatro décadas haciendo psicoterapia y te puedo asegurar que pocas veces he visto que el celoso acierte. La inmensa mayoría de las veces se equivoca cuando siente peligro: o no lo hay, o sí existe, pero no con el individuo que nos hace ponernos celosos.

Sin embargo, la mitificación romántica fomenta que sigamos atentos a esa punzada irracional de inquietud. En 1983, en plena movida madrileña, Alaska y Dinarama pusieron a un montón de gente moderna a cantar aquello de «Ella lo vio salir de allí / ahora sabía la verdad / y se decidió / Loca de celos le siguió / tras apuntar la dirección [...] / La calle desierta, la noche ideal / un coche sin luces no pudo esquivar / un golpe certero y todo terminó entre ellos de repente [...] / Ella no quiso mi mirar / nunca daría marcha atrás». La entrega de la protagonista al sadismo celotípico queda clara por su insistente estribillo: «No me arrepiento / volvería a hacerlo / son los celos». Bob Dylan había cantado ya aquello de «Los tiempos están cambiando», pero, como por dentro el ser humano seguía siendo el mismo, parece que el cambio se limitó a una capa externa de pintura.

Un estudio[2] realizado en Perú en 2023 analizó las interacciones de 832 jóvenes entre dieciocho y treinta años. Mediante un análisis de redes, los investigadores encontraron que los celos estaban estrechamente vinculados con la violencia y la insatisfacción en las relaciones. Este estudio mostró que en pleno siglo XXI siguen siendo un nódulo central en la red emocional de las relaciones románticas.

Es fácil pensar que esto solo ocurre en las culturas más sexistas. Pero en otoño de 2005 una operadora de telefonía móvil sueca decidió hacer una encuesta entre sus usuarios sobre el respeto a la intimidad de las comunicaciones. Constataron que dos de cada tres personas espiaban los mensajes de los móviles de sus parejas. Un 64 por ciento de amantes aprovechaba los descuidos de su media naranja para leer a escondidas los SMS que guardaba o escuchar los mensajes en el buzón de voz. La inmensa mayoría de los encuestados aprovechaban a cotillear cuando la pareja estaba en el baño. Pero había un pequeño porcentaje que lo hacía cuando la

---

[2] Zegarra-Valdivia, J. A., y Velarde, D. (2023), «Maintenance in Relationships, Satisfaction, Jealousy, and Violence in Young Couples: A Network Analysis», *BMC Psychology*, 11(1). https://doi.org/10.1186/s40359-023-01140-6.

otra persona dormía o se dejaba olvidado el móvil. En general, esto ocurría casi siempre de noche.

La conclusión era obvia. En esto de la pareja, los suecos (a pesar de pertenecer a una cultura muy respetuosa de la libertad) actúan como todas las demás culturas del mundo: con alevosía y nocturnidad.

Eso sí: el estudio señalaba una diferencia con respecto a otras culturas. Los nórdicos no reconocen ser celosos. Cuando se preguntaba a los encuestados por qué violaban la intimidad del otro de esa manera, la respuesta más común era que lo hacían por simple curiosidad. Solo una cuarta parte de los aprendices de espía confesaba hacerlo por celos. Como dijimos al principio, intentamos conjugar las hormonas del Paleolítico con la ideología del siglo XXI. Y, para eso, esconder el fenómeno fingiendo que no lo padecemos parece una táctica buena. Pero la trampa sigue ahí: los suecos de nuestra época jamás ratificarían esta idea, pero en el fondo actúan aceptándola. Hace dos siglos, François de La Rochefoucauld nos advertía de que ignorar estas sensaciones viscerales no era una buena estrategia: «Los celos son, con mucho, el mayor de los males y, sin embargo, el que menos excusa admite; por eso en vano intentamos esconderlo, y menos aún justificarlo», afirmó. No obstante, seguimos empeñados en esa táctica de disimulo cultural.

Un ejemplo ejemplar

Pero no todo el mundo actúa en el mundo moderno ignorando la profunda relación que existe entre el amor romántico y los celos. El filósofo Bertrand Russell y la aristócrata lady Ottoline Morrell formaron una de las parejas más interesantes entre los intelectuales ingleses de principios del siglo XX. Su relación fue compleja y apasionada. Intentaron siempre encontrar un equilibrio entre sus celos y sus convicciones racionales de libertad.

Ottoline Morrell estaba casada. Además mantenía una intensa amistad con miembros del grupo de Bloomsbury, con Aldous Huxley y con Winston Churchill. Cuando Russell inició su prolongada relación con ella, le pidió que no mantuviera relaciones sexuales con su marido. Su argumento: los celos son condenables entre esposos, aceptables entre amantes. También le expresó sin ambages su resentimiento por la estrecha relación que mantenía con el escritor Lytton Strachey. Se comentaba con frecuencia que la aristócrata y él tenían una química muy especial, y oírlo tan a menudo atormentaba a Russell. El hecho de que Strachey fuera abiertamente homosexual no aliviaba sus celos.

Por último, en sus cartas el filósofo confesaba su malestar por la multitud de proyectos en que se implicaba lady Ottoline Morrell. Era una mujer con una fuerza extraordinaria y se convirtió en el alma del renacer cultural inglés de la época. Todavía hoy en día es fácil encontrar su huella, ya que se convirtió en personaje de muchas novelas de autores como Virginia Woolf o D. H. Lawrence.

Como vemos, Bertrand Russell confesaba a su amada sus celos en los tres aspectos en los que se pueden basar las relaciones amorosas: sexualidad, intimidad y compromiso. En sus escritos, jamás intentó quitarle hierro a esa emoción. De esa forma, el filósofo intentaba evitar la «paradoja del que mira hacia otro lado»: aquello que intentamos ignorar acaba por venírsenos encima. Si no queremos ser conscientes de nuestros recelos, estos acaban por tomar el control de nuestros actos.

Los celos han evolucionado como un mecanismo de alarma que avisa de que estamos perdiendo la sensación de ser únicos para la otra persona. En principio, el estado de activación que generan es neutral. Nuestros actos posteriores podrán ser positivos o negativos, pero la señal de peligro en sí no es desadaptativa.

Sin embargo, hay personas que prefieren ignorar esa emoción. De alguna forma, es como si creyeran que aquello que temen desaparecerá si no le hacen caso. Utilizan la misma táctica que usábamos cuando éramos niños y nos tapábamos los ojos con la sábana en cuanto creíamos que se acercaba un peligro. «Si no lo veo, no existe», parece que se dicen a sí mismos.

Obviamente, la táctica no funciona. Cuando éramos críos, ya resultaba inútil: si alguna criatura de pesadilla hubiera estado cerca, meternos dentro de la cama e ignorarla no habría sido un antídoto muy eficaz. Con los celos ocurre lo mismo: son viscerales y movilizan rápido la bioquímica de nuestro cuerpo. Aunque no le pongamos nombre, siguen ahí. Russell lo sabía. Y por eso hablaba sin rodeos de ellos. Nunca miró hacia otro lado.

Saber lo que hay

Son muchos los científicos que trabajan con la hipótesis de que los celos son inevitables en la mayoría de las personas.

Por ejemplo, el doctor Gregory L. White, profesor de la Universidad de California en Los Ángeles (UCLA), sostiene que son inherentes a los mecanismos biológicos del amor. Cuando queremos a alguien, deseamos sentirnos correspondidos, y la mayor prueba del amor de la otra persona es que nos haga sentir únicos. Deseamos que el otro nos convierta en exclusivos, y por eso, cuando no lo hace, nos ponemos celosos. Nuestras hormonas nos avisan de que estamos perdiendo algo básico para el ser humano: la sensación de ser especiales al menos para una persona.

¿Tiene sentido, hoy en día, buscar la total exclusividad, intentar que nuestra pareja solo se dedique a nosotros en cuerpo y alma? En el mundo actual ya nunca somos únicos para la persona que amamos. En el Paleolítico la esperanza de vida se situaba en torno a los treinta años y en el siglo XIX solo había subido a cuarenta.[3] Con vidas tan cortas era posible ser el único amor de la vida de otra persona. Pero hoy en día, con una media de setenta y tres años (que llega a los ochenta y tres en países de ingresos altos, como Japón o España), lo habitual es que nuestras parejas hayan mantenido otros vínculos en el pasado e interaccionan siempre con *posibles competidores* en el presente. Según un estudio global realizado por Durex en 2007, que encuestó a más de 26.000 personas en 26 países latinoamericanos, el promedio de parejas sexuales a lo largo de la vida estaba alrededor de siete. Con cifras así, la total exclusividad pasada, presente y futura es un anhelo irracional.

Uno de los resultados más llamativos de esa pulsión que

---

[3] James C. Riley, *Rising Life Expectancy: A Global History* (2001).

me encuentro en terapia son los «celos retroactivos». La fuerza del vínculo con los ex y las comparaciones sexuales son asuntos que surgen continuamente. La punzada que producen estas sensaciones surge tanto en parejas que son sinceras sobre las relaciones anteriores como en aquellas que prefieren no hablar del tema. En el primer caso, las imágenes de aquello que nos han contado se convierten en pensamientos intrusivos imparables. En el segundo, la inquietud por no saber de las historias anteriores puede llevar a rozar la paranoia. Da la impresión de que en el mundo moderno la pareja es siempre un asunto... de tres personas: no discutimos casi nunca por nuestras cuestiones privadas, sino que incluimos otros vínculos que uno de los dos ha tenido.

Además, las redes sociales aumentan nuestras tendencias hormonales a la celotipia. Las redes sociales y el uso extendido de WhatsApp incrementan el riesgo de convertirnos en «vigilantes» de las personas con las que mantenemos una relación. Hoy en día es muy tentador revisar las fotos que nuestra pareja sube a internet, los comentarios que recibe de sus contactos, el tiempo que dedica a escribir mensajes y las conversaciones que mantiene con todos sus amigos. Tenemos herramientas para convertirnos en espías de la otra persona. Y ese poder puede volverse en nuestra contra y subir nuestro nivel de celos. Investigadores de la Universidad de Western Ontario exploraron los celos provocados por Facebook. Descubrieron que los usuarios de la plataforma, al observar interacciones entre sus parejas y otras personas, experimentaban niveles más altos de celos en comparación con interacciones en la vida real. Los «me gusta» o comentarios en fotos o publicaciones generaban preocupación e inseguridad en muchos participantes.

No existe ningún síntoma claro que demuestre que alguien tiene una relación fuera de la pareja. Se podría argumentar que los celos son una especie de distorsión perceptiva. El psicólogo Frank Beach, en los años cincuenta, desarrolló la teoría de los «ciegos de amor», donde argumentaba que los celos hacen que las personas interpreten el comportamiento de su pareja de forma exagerada o errónea. Esta tendencia a ver peligros donde no los hay puede considerarse como un error cognitivo, un fallo de nuestro cerebro en su intento por proteger lo que considera valioso.

Pero, de nuevo, la sociedad del siglo XXI intenta adaptar la inquietud visceral al formato del mundo actual. Un ejemplo: los medios de comunicación e internet no dejan de difundir listas de, por ejemplo, «Señales infalibles que demuestran que nuestro cónyuge nos engaña». Paul Ekman, profesor de Psicología de la Universidad de California, en sus libros sobre el engaño nos recuerda un dato obvio: el mentiroso es también una persona que intenta detectar engaños ajenos. Si existieran indicios claros de la falsedad, ese individuo los conocería... y procuraría evitarlos, con lo cual dejarían de ser señales infalibles. En el tema de la infidelidad ocurre exactamente lo mismo. Todas las listas de vestigios de infidelidad incluyen determinados fenómenos: preocupación anormal por la apariencia, obsesión con el móvil y el ordenador, falta de afectividad con la pareja, búsqueda continua de la privacidad...

El problema radica en que estas señales son tan obvias

que el infiel las conoce y es muy difícil que caiga en ellas. Las personas que viven una aventura fuera de la relación tienden a disimular que se visten mejor o se cuidan más, consultan sus mensajes solo fuera del hogar y, a veces, extreman las atenciones a su pareja.

Esta falta de mecanismos de detección crea en el celotípico un continuo estado paranoico. «Si los celos son un signo de amor, es como la fiebre lo es de la enfermedad: inquietan al enfermo, pero no lo curan», decía Francisco de Sales. Se trata de un sentimiento limitante que genera una gran frustración y sufrimiento. Es una patología destructiva en grado sumo tanto para el que la padece como para el objetivo de la obsesión. Como he comentado anteriormente, el individuo que vive en una continua inseguridad amorosa está en un permanente estado de estrés.

El amor romántico es un continuo desasosiego

Cuando Hans Selye, médico y profesor de la Universidad de Montreal, analizó la respuesta de nuestro organismo ante los problemas, dividió la reacción corporal en tres fases. Primero se da una fase de alarma, de análisis de los nuevos elementos que se sienten como amenazantes, de comparación con experiencias anteriores y de liberación de adrenalina. El cuerpo se prepara para responder: aumentan la frecuencia cardiaca y la tensión muscular. Después se pone en marcha la fase de resistencia. La activación se intenta mantener hasta que desaparece la sensación de peligro, pero surgen los primeros síntomas de cansancio. Cuando la situación estresante cesa, el organismo vuelve a la normalidad. Pero si los estímulos que sentimos como amenazadores no disminuyen, el nivel de resistencia termina por agotarse, y se manifiesta de nuevo la fase de alarma.

El problema de los celos es que la fase de alarma es continua. Peter Salovey, autor de *The Psychology of Jealousy and Envy*, recopila investigaciones que hablan de ese ciclo incesante en el que las personas que padecen celotipia viven instaladas. La alarma surge por estímulos intrascendentes. A veces son reales, pero no significativos. Otras son ideas completamente inventadas. A partir de estos detonantes, el celoso patológico intenta encontrar razones para tranquilizarse: pregunta a la pareja o a los amigos, espía el móvil, cambia de hábitos para sorprender al cónyuge... Pero nunca consigue tranquilizarse: cuando cree que ha encontrado razones para el sosiego, un pequeño detalle (de nuevo real o imaginario) vuelve a intranquilizarle. Tener celos es vivir en una continua fase de resistencia que le lleva una y otra vez al agotamiento. Por culpa de eso, además, pierde las cualidades que le hacen especial a los ojos de la otra persona. Eso causa más inseguridad y genera un ciclo infinito que le lleva a la angustia. «Los celos, ese dragón que mata el amor bajo el pretexto de mantenerlo vivo», decía Havelock Ellis.

A partir de ahí empiezan a surgir los problemas de salud. En su libro *Jealousy*, Peter Toohey, profesor de la Universidad de Calgary, recopila múltiples investigaciones que muestran que la personalidad celosa correlaciona con tendencia a padecer los síntomas más clásicos del estrés continuo. Las personas inseguras acaban por padecer mayor incidencia de hipertensión, cefaleas, problemas gástricos, dolencias musculares, disminución de la función renal, asma y otras afecciones respiratorias, etcétera. El impacto en la salud de este problema continuo es tan extremo que una reciente investigación publicada en la revista *Neurology* llegaba a la conclusión de que los individuos con un nivel de celos alto tenían el doble de riesgo de desarrollar alzhéimer que aquellos que puntuaban bajo en este rasgo. Lena Johansson, profesora de la Universidad de Gotemburgo y directora del estudio, sostiene la hipótesis de que es la tensión continua la que va afectando a estas personas y minando su salud física y mental.

Los celos son insanos. Miguel de Cervantes resumió su efecto dañino ya hace siglos: «Si los celos son señales de amor, es como la calentura en el hombre enfermo, que el tenerla es señal de tener vida, pero vida enferma y mal dispuesta». Pero, como hemos visto en este capítulo, en el mundo moderno siguen asociándose al concepto del amor romántico. De hecho, supuestamente, cuando estamos enamorados deseamos el bienestar de la otra persona. Aunque la realidad es que solo queremos que sea feliz cuando está con nosotros. La trampa de las hormonas nos lleva a sentir que toda alegría con otras personas sea peligrosa e inquietante. El efecto de los celos convierte el supuesto altruismo del que presume el amor pasional en un absoluto egocentrismo.

3

La mente que deforma a las personas

Estafas amatorias

En 2022 se estrenó uno de los documentales más sorprendentes de los últimos años. Se titulaba *El estafador de Tinder* y relataba la historia de Shimon Hayut, quien se hacía pasar por Simon Leviev, el supuesto hijo de un magnate de los diamantes israelí. A través de la famosa aplicación de citas, el protagonista engañaba a mujeres haciéndoles creer que estaba interesado en ellas a nivel romántico. Después, les estafaba enormes sumas de dinero.

Hayut seguía un patrón metódico para cada uno de sus engaños. Contactaba a sus víctimas a través de Tinder y se presentaba como un hombre adinerado, seductor y muy generoso. Las primeras citas eran impresionantes, invitaba a las mujeres a cenas de lujo, vuelos en jets privados y hoteles de cinco estrellas. Este estilo de vida de opulencia cimentaba una narrativa de riqueza y poder, y generaba confianza y deslumbramiento.

Una vez que se había ganado la confianza y el afecto de sus víctimas, fingía una crisis: decía estar siendo perseguido por enemigos peligrosos que le habían bloqueado sus cuentas bancarias. Con una urgencia calculada, les pedía que le prestaran mucho dinero y les prometía que lo devolvería rápido. Las mujeres, atrapadas por la ilusión del amor, accedían, y algunas llegaron incluso a endeudarse. En este punto, Hayut desaparecía, y ellas quedaban devastadas y arruinadas.

Una de sus técnicas más pintorescas era simular estar huyendo de «enemigos peligrosos». Enviaba imágenes de su guardaespaldas cubierto de sangre (probablemente kétchup) y decía que lo habían atacado. En el vídeo (pregrabado desde hacía meses), con un aire de urgencia y preocupación en la voz, decía algo como: «¡Nos atacaron! ¡Mis enemigos están tras de mí!». La víctima del fraude entraba en pánico y accedía a prestarle dinero para salvarlo. Y él, mientras, disfrutaba de sus vacaciones en Ibiza con otra de las mujeres a las que quería sablear. Usaba el dinero prestado por unas para pagarles los lujos a las otras, creando así un ciclo interminable de estafas en una estructura que podríamos considerar piramidal. Además, el fraude se multiplicaba hasta el infinito: mientras una mujer veía el vídeo en un rincón del mundo y sangraba su tarjeta de crédito, otra en una ciudad en la otra punta escuchaba la misma historia y recibía la misma grabación.

De esta forma, Simon gestionaba su red de engaños a gran escala con la eficiencia de un empresario: enviaba el mismo vídeo a múltiples víctimas y maximizaba el retorno de su «inversión». El tipo era un maestro en la multitarea emocional, todo gracias a su asombroso poder de copypastear el drama. Su habilidad para tener «problemas» y estar «de viaje por negocios» al mismo tiempo en distintos puntos del mapa lo convertía en un estafador de calibre olímpico, capaz de manipular con precisión los sentimientos de varias víctimas, todo ello mientras daba saltos entre aviones, hoteles y cuentas bancarias.

Las gafas que no las dejaron pensar

Lo más asombroso del documental es que, al escuchar sus testimonios, vemos que las víctimas son personas lúcidas, seguras de sí mismas y con un buen equilibrio emocional. Ninguna de ellas parece especialmente influenciable. De hecho, alguna de las protagonistas demuestra ser muy inteligente en cuanto cae el velo hormonal que le impedía ver la verdad.

Ante casos como este, es inevitable pensar aquello de: «Esto podría haberme ocurrido a mí estando enamorado... y, de hecho, me han sucedido episodios parecidos». La cultura popular acepta que el amor iluso entontece y nos lleva a caer más a menudo de lo normal en lo que en psicología denominamos sesgos cognitivos. Se trata de atajos mentales o distorsiones cognitivas en el procesamiento de información que influyen en cómo percibimos, recordamos y tomamos decisiones. Surgen debido a la limitación de nuestra capacidad para procesar información compleja, lo que nos lleva a simplificar la realidad, a menudo de manera inconsciente. Y pueden influir en la forma en que interpretamos hechos, hacemos juicios o nos relacionamos con los demás, con lo que se generan decisiones irracionales o erróneas.

Veamos algunos de los sesgos cognitivos que desempeñaron un papel crucial en la manipulación emocional que permitió a Hayut estafar a sus víctimas.

- **Efecto halo**: este sesgo es particularmente evidente en la historia del estafador de Tinder. El efecto halo describe la tendencia a atribuir cualidades positivas a una persona basándonos en una característica inicial destacada. En este caso, el atractivo de Hayut y el aura de riqueza y poder que proyectaba en su perfil y en sus primeras interacciones hicieron que se le percibiera como confiable, generoso y, en general, una buena persona. Las primeras impresiones de lujo y cordialidad externa nublaron el juicio crítico de las víctimas, quienes no cuestionaron los detalles de su vida ni la posibilidad de un fraude.
- **Sesgo de confirmación**: las víctimas de Hayut buscaban, de manera inconsciente, información que confirmara su creencia de que estaban involucradas en una relación romántica legítima. En lugar de analizar los signos que podrían haber revelado el engaño, las mujeres prestaban atención solo a los aspectos que encajaban con la narrativa romántica que Simon les había presentado.
- **La falacia del costo hundido**: este sesgo se manifiesta cuando una persona sigue invirtiendo tiempo, energía o dinero en una situación, a pesar de que las señales indiquen que no va a mejorar, simplemente

porque ya ha invertido demasiado. Muchas de las víctimas de Hayut continuaron enviándole dinero incluso cuando notaron incoherencias en sus historias, porque ya habían prestado grandes cantidades y no querían perder todo lo invertido.

- **Sesgo de disponibilidad**: este sesgo hace que las personas den más peso a la información que tienen más presente en la memoria. En el caso de las víctimas de Hayut, los momentos iniciales de lujo y de intensa atención romántica eran tan impresionantes que eclipsaban las señales de advertencia posteriores. Las mujeres seguían pensando en las primeras experiencias positivas, lo que nublaba su juicio en cuanto al presente.
- **Heurística de representatividad**: este sesgo se refiere a la tendencia a juzgar la probabilidad de un evento basándose en cuán similar parece ser a lo que creemos que es un ejemplo típico de ese evento. Hayut encajaba con el estereotipo del millonario encantador y romántico, lo que hizo que sus víctimas no cuestionaran la veracidad de su historia.
- **Pensamiento todo o nada**: el psicólogo Aaron Beck hablaba de esta tendencia como causa de muchos problemas psicológicos. Se trata de la propensión a juzgar las cosas en blanco y negro, de forma dicotómica, sin grises. En este caso, las mujeres veían a Hayut como un millonario perfecto o, al final, como un estafador total, pero no consideraban las señales matizadas que habrían revelado la verdad antes.

¿Has repasado tus relaciones amorosas mientras leías este análisis de las deformaciones de pensamiento de las víctimas? ¿Has llegado a la conclusión de que tú has caído en numerosas ocasiones en estos heurísticos erróneos? Si te sirve de consuelo, a mí me pasó lo mismo mientras elaboraba la lista: me fue fácil rememorar ejemplos en los que me engañaron (o, más bien, me dejé engañar) con una facilidad increíble, más aún teniendo en cuenta que soy psicólogo.

Esto no es de extrañar: nuestra sociedad fomenta el entontecimiento momentáneo que supone el enamoramiento. Y por eso todos caemos en estas trampas mentales: las hormonas ordenan que no pensemos, y nosotros lo aceptamos sumisamente.

El diablo está en los detalles

Aaron Beck, el investigador ya citado, identificó en su teoría de la depresión una serie de tendencias irracionales que acaban por llevar, de forma inevitable, a un estado de ánimo triste. La paradoja: son las mismas estrategias cognitivas que se asocian, desde el siglo XIX, al amor romántico.

Un ejemplo de esos sesgos cognitivos es la sobregeneralización, que ocurre cuando se sacan conclusiones generales a partir de un solo evento o una serie limitada de experiencias. En la depresión, esto se manifiesta cuando una persona experimenta un revés —por ejemplo, críticas en el trabajo— y luego extrapola este evento, creyendo que toda su vida es un fracaso. «Si no puedo hacer esto bien, no podré hacer nada bien», pensamos cuando estamos en ese estado.

En el amor, este sesgo aparece de una manera curiosamente similar, al principio con una connotación positiva. Un gesto pequeño, como una sonrisa o un mensaje afectuoso de la persona amada, puede ser interpretado como una señal de que la relación está destinada a durar para siempre. Los enamorados tienden a magnificar los pequeños detalles y proyectan en ellos una promesa de felicidad eterna. Esto lo mostró con claridad un experimento realizado por Jones y Adams (1998), en el cual se pidió a parejas recién enamoradas que describieran un gesto cotidiano de su pareja. Los resultados demostraron que estos gestos eran vistos como simbólicos y desproporcionadamente importantes, en comparación con cómo los percibían parejas que llevaban más tiempo juntas.

Este tipo de sobregeneralización en el amor puede ser peligroso cuando las expectativas no se cumplen. La desilusión puede golpear con fuerza cuando una pequeña señal de indiferencia, como no recibir un mensaje de inmediato, se interpreta como una crisis existencial. En esencia, tanto el enamorado como el depresivo están atrapados en una versión distorsionada de la realidad en la que amplifican ciertos aspectos de su experiencia mientras minimizan otros.

Una de las obras fundadoras de la mitología del amor romántico es *Las penas del joven Werther*, escrita por Johann Wolfgang von Goethe. Su trama gira en torno al joven Werther, quien se enamora de una mujer comprometida, Charlotte, y, ante la imposibilidad de estar con ella, termina quitándose la vida. Durante la primera parte de la novela, el protagonista sobregeneraliza e interpreta todas las conductas de la amada (el tiempo compartido, la escucha atenta, los pequeños gestos de cuidado) como señales de su amor. Después, cuando ella le sigue recordando que está comprometida con otro hombre y rechaza sus acercamientos, vuelve a extender sus penas hasta abarcar lo que Beck denomina la «triada cognitiva de la depresión»: pesimismo sobre uno mismo, sobre el mundo y sobre el futuro.

La relación de esta forma tóxica de pensamiento con el imaginario romántico es especialmente patente en esta obra. Porque recordemos que los psicólogos todavía denominamos efecto Werther al fenómeno por el cual una ola de suicidios imitativos ocurre tras la publicación o difusión de un suicidio muy publicitado. El suicidio del protagonista de esta novela provocó que muchos jóvenes emularan, por amor, el trágico final del personaje. Tal fue el impacto que algunos gobiernos llegaron a prohibir la novela por temor a que exacerbara este comportamiento. La irracionalidad cognitiva del amor romántico ha acabado, a partir de entonces, convirtiéndose en un virus mental que ha terminado con muchas personas.

Pasando del todo al nada

El pensamiento dicotómico —todo o nada— es otro sesgo cognitivo que desempeña un papel crucial tanto en la depresión como en el enamoramiento. Las personas con depresión suelen ver su vida de manera extrema. Para ellos, las cosas no pueden ser «un poco malas»; deben ser horribles o un fracaso total. Si cometen un error en el trabajo, no es un simple tropiezo: es la evidencia de que nunca lograrán nada. Este tipo de pensamiento blanco o negro ignora los matices de la vida cotidiana.

Lo curioso es que en el amor cursi encontramos la misma tendencia a ver el mundo en términos absolutos. El enamorado iluso no puede aceptar que su pareja sea «buena» sin más. Debe ser perfecta, sin defectos. La pareja idealizada se convierte en una figura casi divina, y cualquier indicio de imperfección puede ser vivido como una traición emocional.

Un ejemplo interesante de esta tendencia apareció en un estudio realizado por Sprecher y Metts (1999), que mostró que las personas que creían en el amor romántico eran más propensas a exhibir un pensamiento dicotómico sobre sus relaciones. Cuando una relación iba bien, todo era perfecto, pero cuando surgían problemas, sentían que la relación estaba completamente rota. El pensamiento de *todo o nada* les impedía ver que las relaciones humanas son de manera inherente imperfectas y que las dificultades pueden solucionarse sin poner en riesgo toda la relación.

No les culpo: en terapia veo muchas veces, bajo el sufrimiento de mis pacientes, el daño que causa el mito más difundido del amor iluso: la media naranja. Desde que se fomenta esta forma de relacionarnos en pareja, la idea de que tenemos que encontrar un alma gemela está presente. Esta noción sugiere que cada uno de nosotros tiene una pareja predestinada, una persona que nos completa y sin la cual estamos, literalmente, a medias.

Esta teoría hunde sus raíces en la filosofía griega, en concreto en el discurso de Aristófanes en *El banquete* de Platón. Según este relato mítico, los seres humanos originales eran andróginos, con cuatro brazos, cuatro piernas y dos caras. Estos seres completos, sin embargo, cometieron el error de desafiar a los dioses, quienes, como castigo, los dividieron por la mitad. Desde entonces, cada persona ha estado buscando su «otra mitad» para sentirse completa de nuevo.

Desde que escuché este relato por primera vez, en mi adolescencia, me sorprende que una historia tan infantil forme parte de nuestro acervo cultural. Ahora, como terapeuta, mi preocupación es otra: esta estrategia de búsqueda de un alma gemela fomenta la tóxica tendencia al «todo o nada», porque nos lleva a la perversa idea de que la persona tiene que encajar a la perfección con nosotros. Si no, no nos sirve. Y eso nos hace ignorar relaciones que, aunque no sean «perfectas», pueden ser fuente de satisfacción.

La narrativa de la mayoría de la cultura popular sigue apegada a ese esquema cognitivo. Un argumento típico de cualquier telenovela o comedia romántica cinematográfica comienza con que los protagonistas se enamoran y parecen perfectos el uno para el otro. El nudo de la historia es que, de repente, uno de los dos amantes parece estar fallando en un tema puntual. Pero pronto llega el desenlace en el que descubrimos que la supuesta deficiencia era debida a un malentendido: en realidad, el evaluado era impecable. En los subterráneos de esta narrativa está el viejo relato del blanco o negro, en el que nuestro objeto de deseo debe ser inmejorable.

Cuando mis pacientes tienen un problema con su pareja, yo noto que, en el fondo, influidos por esa narrativa, esperan que se aclare la situación para volver al concepto idílico. De lo contrario, dejarían la relación por una pequeña mancha en el comportamiento del otro. O todo, o nada. Dejamos que el amor iluso, simplificando la psicología humana, intente capturarla con dicotomías absurdas.

Solo veo lo que quiero ver

Quizá lo peor de esa propensión a clasificar radicalmente en bueno o malo lo que hace el otro sea que deja nuestro pensamiento en manos del sesgo de confirmación. Tal y como mencioné cuando hablaba de Hayut, es un proceso cognitivo por el cual tendemos a buscar y recordar solo la información que confirma nuestras creencias preexistentes. En la vida cotidiana está presente siempre: muchas personas siguen creyendo que la resaca se cura con más alcohol, a pesar de que la experiencia debería indicarles lo contrario, porque eso les permite tener una excusa para seguir bebiendo. Aunque en ciertos ámbitos esa tendencia puede resultar adaptativa (por economía mental, no podemos estar cuestionando siempre todas nuestras teorías), hay ejemplos en los que ha resultado trágica: la junta de investigación del accidente del Columbia mencionó este sesgo para explicar por qué los responsables del programa de la lanzadera espacial de la NASA ignoraron las señales de problemas.

Hayut no es el único estafador que lo utiliza a su favor: Tuesday Lobsang Rampa, por ejemplo, siguió vendiendo millones de ejemplares de su libro *El tercer ojo*, en el que explicaba su formación espiritual desde temprana edad en el Tíbet (incluyendo la trepanación que los monjes le hicieron en el cráneo) a pesar del descubrimiento de que su verdadero nombre era Cyril Hoskin y no había salido en su vida de Inglaterra.

De hecho, todas las víctimas de estafadores afectivos han caído en el timo por culpa de su propensión a quedarse con los datos que confirman su hipótesis sobre la otra persona e ignorar cualquier otro. Los tramposos sentimentales como Hayut usan una táctica: su mentira no está en lo que dicen, sino en lo que no dicen. Saben que la otra persona solo se fijará en lo primero. Yo he tratado, por ejemplo, a muchas mujeres engañadas durante décadas por criptogays (homosexuales que simulaban amarlas) que han sido las únicas personas que no han visto sus claras señales de falta de deseo. En algunos casos acababan descubriendo que su pareja se acostaba con amigos suyos. Cuando se desenamoran y empiezan a recordar hechos y a unir puntos, se asombran de no haberlo sabido antes. Estaban enamoradas y no querían mirar.

Sin llegar a ese extremo, este sesgo explica que muchas personas se centren en los momentos que confirman la idea de que la relación es perfecta y pasen por alto los momentos de conflicto irresoluble. Un estudio realizado por Swann y Read (1981) exploró este fenómeno en el contexto romántico. Los investigadores encontraron que las personas en relaciones amorosas tienden a buscar una retroalimentación positiva sobre sus relaciones, incluso cuando se les presenta información que sugiere problemas potenciales.

De hecho, es difícil hacerles llegar esos datos: los voluntarios justificaban cualquier comportamiento tóxico de su pareja utilizando un mecanismo muy habitual, el de intentar entender al otro. Hay una línea muy fina entre la explicación de una conducta y su exculpación. Las personas hiperempáticas (que suelen ponerse en el lugar del otro olvidando sus propias necesidades) caen a menudo en este embudo mental de no ver los defectos por esta tendencia a buscar las causas del comportamiento ajeno.

Ese mecanismo se exacerba en la primera etapa de una relación, que es la más subrayada en los relatos románticos. Esto se documentó en un experimento realizado por Johnson y Rusbult (1989). En este estudio, los participantes debían recordar momentos significativos de sus relaciones. Aquellos que se encontraban en las etapas iniciales del enamoramiento tendían a recordar solo los momentos positivos, mientras que los que estaban en relaciones largas eran más capaces de recordar tanto los momentos buenos como los malos. Esta diferencia sugiere que el enamoramiento puede estar asociado con un sesgo de confirmación particularmente fuerte, que distorsiona la percepción de la relación.

Piensa mal... y serás un romántico

Hace unas décadas, el psicoterapeuta estadounidense Albert Ellis identificó una serie de pensamientos irracionales que son la raíz de muchos problemas emocionales y psicológicos. Se trata de creencias rígidas y absolutas que no se ajustan a la realidad y que no solemos contrastar porque son implícitas, no conscientes. No obstante, guían nuestra mente y nos conducen a emociones y conductas desadaptativas.

El método terapéutico de Ellis pretende desmontar estas creencias irracionales con la razón. Él cree que la sensatez puede acabar con estos pensamientos intrusivos, domesticarlos cuando se hacen con las riendas de nuestra mente. Yo le alabo el intento, pero cualquier fanático del amor romántico le acusaría, seguro, de ser demasiado racional. Las ideas implícitas que intenta desmontar este terapeuta son la base de la forma de sentir que fomentan los cursis. Cuando los detractores del vínculo iluso desmontamos estos disparates, estamos yendo a la línea de flotación que sostiene la nave de los victimarios de corazones. Aquí van algunos torpedos contra los principales pensamientos irracionales que distinguía Ellis.

El primero se puede enunciar de esta manera: «Tengo la necesidad de ser amado o aprobado por todas las personas que me importan». Este pensamiento *best seller* nos hace creer que es catastrófico no conseguir el cariño y la evaluación positiva de todas las personas significativas que hay a nuestro alrededor. Tenemos, por tanto, que esforzarnos mucho por agradar a todos y no decepcionar a nadie, porque, si no, nos abandonarán o nos rechazarán. En el contexto de las relaciones de pareja, el imaginario del amor que nos enseñan nos lleva a la necesidad constante de validación y aprobación por parte del otro. Las hormonas nos hacen creer que es imprescindible ser amados para sentirnos valiosos, y cualquier señal de rechazo o desaprobación se interpreta como una amenaza a nuestra identidad. La cultura romántica favorece esa sensación de inseguridad y miedo irracional al abandono, el famoso «no puedo vivir sin ti» del que ya hemos comentado. Nos piden que todo el tiempo hagamos sacrificios excesivos para mantener la relación, incluso si esto implica dejar de lado nuestras propias necesidades o valores.

Otra de las creencias irracionales se resume en la frase: «Si algo no sale bien una vez, será siempre así en el futuro». Ellis cree que este pensamiento pesimista proviene siempre de la tendencia excesiva a generalizar de la que hemos hablado. A pesar de lo dañino de la frase, los incondicionales del vínculo iluso la incrustan en nuestra mente. Y eso hace que mis pacientes funcionen con la creencia irracional de que, si una relación pasada terminó mal, todas las futuras terminarán igual. O que, si discutimos con nuestra pareja, esta está destinada al fracaso. Como terapeuta, el peor efecto de esta forma de pensar es que nos impide vivir el presente, ya que la mente está anticipando en todo momento desastres basados en experiencias pasadas o en suposiciones infundadas.

¿Y qué me dices de la frase: «Todos mis problemas son terriblemente importantes»? Exageramos la importancia de los retos que tenemos por delante porque los sentimos como muy graves y pensamos que sus consecuencias serán catastróficas porque este pensamiento intrusivo se nos incrusta en la mente. De nuevo, lo paradójico es que está muy difundido en la narrativa romántica. Es, por ejemplo, lo que hace que las telenovelas puedan llegar a tener miles de episodios. En ellas se exacerba una de las claves del amor romántico: la exageración de las dificultades que vienen dadas por discusiones o malentendidos, que acaban siendo vistas como señales de que la relación está al borde del colapso. Muchas veces, un desacuerdo sobre un tema menor se convierte, en la mente de uno de los miembros de la pareja, en una «evidencia» de que la relación está condenada. Esto puede llevar a comportamientos impulsivos o desproporcionados, como la ruptura repentina o la retirada emocional.

Otra frase irracional detectada por Ellis es: «No puedo tolerar el malestar». Activarla supone creer que no somos capaces de sobrellevar la incomodidad, el dolor o la frustración, a pesar de la evidencia contraria de que hemos podido con ello en ocasiones anteriores. El amor cursi fomenta la intolerancia a la incomodidad: los que creen en él piensan que las relaciones amorosas «deberían» ser siempre perfectas, y, cuando no lo son, consideran que no pueden soportar la tensión que trae el conflicto. Uno de los mitos del amor romántico, la idea de que el amor lo puede todo, fomenta esa intolerancia al conflicto, porque nos dice que no es necesario arreglar los problemas, ya que el sentimiento basta para seguir siendo felices. Mientras nuestras hormonas nos entontezcan, sobrellevamos la falta de voluntad de comunicación, la infidelidad continua, las adicciones, los gritos o la irresponsabilidad afectiva de nuestra pareja.

Ahí se situaría la última frase estudiada por Ellis y a la que conduce inevitablemente el concepto de amor que se nos ha vendido desde el Romanticismo: «Es más fácil evitar los problemas que afrontarlos». Mis pacientes arguyen siempre que dejaron de decir esto o aquello «por no discutir…». Es una suerte de pensamiento avestruz en el que el amor lo justifica todo (una de las frases más terribles de esta forma de ver la vida) y que acaba desembocando en la idea de que es más fácil evitar ciertas responsabilidades y dificultades en la vida que afrontarlas.

Finalmente, todas estas ideas irracionales conducen a una trampa mental: para evitar sentirnos «egoístas», tenemos que preocuparnos más por los problemas de la otra persona que por los nuestros. Ese es el cepo cognitivo en el que veo atrapados a muchos de mis pacientes, que sienten que es generoso dedicar un montón de esfuerzos a los egoísmos de su pareja. Muchas investigaciones encuentran que este sacrificio continuo es lo único que sostenía las parejas tradicionales.

Un ejemplo es un estudio longitudinal dirigido por la Universidad de Michigan, donde los investigadores analizaron las relaciones de más de ochocientas parejas a lo largo de dieciséis años. Esta investigación, liderada por la psicóloga Kira Birditt, exploraba cómo los conflictos y las dinámicas emocionales influían en la estabilidad de las relaciones a largo plazo. Lo que se encontró fue que las parejas que lograban mantenerse a largo plazo tendían a tener un alto grado de tolerancia hacia las imperfecciones y el comportamiento molesto de sus compañeros. La capacidad de aguante parecía el factor clave para la continuación del vínculo. Como es de suponer en una sociedad sexista, el hallazgo más destacado fue que las mujeres, en particular, mostraban una mayor disposición a someterse a las conductas egoístas de su pareja para perpetuar la relación.

Doreen Lioy escribió en su diario personal: «Siento tanta compasión por él [...]. Cuando lo miro, veo a un chico realmente agradable que fracasó en su vida porque nunca tuvo nadie que le guiara».[4] Hablaba con esa dulzura y empatía de Richard, el que luego sería su marido. Como buena escritora que era, Doreen supo captar en sus frases esos sentimientos románticos que muchos hemos disfrutado con deleite. Cuando contrajo matrimonio con Richard tenía cuarenta y un años, edad suficiente para saber mucho de la vida y de los hombres. Y pudo decir que lo que sentía por él era de una gran intensidad: «Nunca encontré a alguien como Richard».

Su amor se había iniciado una década antes, cuando vio fotos de su pareja siendo reducido por la policía. Según esta mujer, lo que despertó su amor fue la sensación de indefensión que Richard ofrecía. Pero, a pesar de sus dulces sensaciones internas, los que analizaron su caso desde fuera tenían claro que Doreen se engañaba. Para los observadores externos, lo que la sedujo fue el gran atractivo de su amado. Lo sabemos, entre otras razones, porque ella no fue la única en recibir el influjo de ese perturbador rostro. Este brutal asesino —conocido como el Merodeador Nocturno— hechizó a tal número de mujeres que su juicio se convirtió en un desfile de enamoradas. Desde adolescentes hasta jubiladas: mujeres de todas las edades cayeron rendidas a sus atributos. El atractivo físico de Richard Ramírez

---

[4] http://www.goodreads.com/book/show/369792.Night_Stalker.

pudo más que el relato de sus atroces crímenes. Mientras Doreen y otras mujeres lo miraban ensimismadas, el fiscal describía cómo este hombre había acuchillado hasta la muerte a maridos a los que había hecho contemplar previamente la violación de sus mujeres.

Por culpa de las hormonas que cegaban su pensamiento, esta mujer siguió unida a una de las personas más execrables que podemos concebir. En su diario narra cómo la visión de túnel le impedía ver aquello que no le gustaba de Ramírez, el efecto halo que produjo su atractivo embelleciendo el resto del personaje, la tendencia al todo o nada que la llevaba a pensar que un individuo cortés con ella no podía ser cruel con otras personas, la propensión a explicar las conductas de su amado a partir de supuestos traumas infantiles y la tendencia a no discutir con él ciertos temas por no «estropear el momento» nublaron de forma progresiva su mente. El corazón tiene razones que la razón desconoce, decimos. Pero quizá lo que nos pide el amor romántico es que perdamos la razón, en todos los sentidos.

¿Ha cambiado ese concepto iluso con las nuevas tecnologías? Mi impresión, como terapeuta, es que no es así. Como te decía en el capítulo anterior, creo que vivimos la tecnología del siglo XXI con hormonas del Paleolítico. Internet solo sirve para exacerbar estos sesgos cognitivos tóxicos. En la era digital, las redes sociales han desempeñado un papel crucial en la perpetuación de estos mitos del amor romántico. Las plataformas como Instagram, Facebook y TikTok nos bombardean con imágenes de relaciones perfectas, citas de amor inspiradoras y vídeos que nos muestran cómo el amor debe ser fácil, iluso y lleno de grandes gestos de sacrificio hacia nuestra pareja. Estas representaciones idealizadas aumentan nuestras expectativas y nos hacen sentir que, si nuestras relaciones no cumplen con estos estándares, algo está mal. La constante comparación con la *perfección* que vemos en las redes sociales puede llevar a la insatisfacción, la ansiedad y la depresión, porque recordemos que psicólogos como Beck o Ellis estudiaron estos pensamientos irracionales como antecedentes del desequilibrio mental.

El psicólogo Bruno Bettelheim habló, décadas antes de la aparición de la red, acerca de cómo las personas pueden recuperar su autonomía emocional en una sociedad alienante. En sus libros reflexionaba sobre la importancia de no ser simplemente víctimas de nuestros sentimientos y emociones, sino de afrontarlos de forma consciente y crítica. Bettelheim parte de la premisa de que las fuerzas sociales tienden a deshumanizar al individuo. Por eso es esencial mantener la autonomía emocional, la capacidad de manejar y comprender nuestras emociones de manera racional. No se trata de suprimir los sentimientos, sino de no ser dominados por ellos.

Una de sus ideas centrales es la distinción entre lo que él llama un «corazón bien informado» y un «corazón víctima». Para él, las personas suelen caer en el segundo grupo cuando permiten que las emociones guíen sus acciones sin ningún tipo de reflexión o control. Si nos ponemos las gafas de no ver que nos dan los impulsores del amor iluso, las poderosas hormonas se convierten en los únicos motores de nuestras decisiones, y acabamos actuando de forma impulsiva y errática, sin considerar las consecuencias de nuestras acciones. Un «corazón víctima» es aquel que sigue ciegamente los impulsos emocionales y que muchas veces se ve arrastrado por las pasiones de manera autodestructiva. Es decir: el tipo de drama previsible y autocomplaciente que tanto les gusta a los románticos… ¿No es hora de cambiar el relato?

4

La rebelión de los singles

Arrastrados por las hormonas

Una historia de amor con las consecuencias más terribles que se recuerdan es la que protagonizaron Martha Beck y Raymond Fernández a finales de los años cuarenta. Ella sufría problemas glandulares (llegó a pesar casi ciento treinta kilos) y desde pequeña creyó que la salvación a todos sus problemas estaba en el amor. Él se veía a sí mismo como un hombre superior: era muy guapo y estaba convencido de que sus poderes paranormales le permitían dominar a los demás (sobre todo a las mujeres) porque controlaba sus pensamientos.

Martha y Raymond se conocieron en lo que en aquella época se denominaba el Club de Corazones Solitarios, un círculo en el que sus miembros se carteaban y podían buscar personas con las que compartir su vida. En ese ambiente lleno de parafernalia cursi y frases cliché, el flechazo que Martha sintió por Raymond Fernández fue inmediato y cambió su vida para siempre. Desde 1947 se dedicó a alternar periodos de frenética vida sexual con su atractivo compañero con periodos en los que le echaba una mano en la estrategia que había adoptado este para ganarse el pan. Raymond se dedicaba a seducir a mujeres vulnerables y sacarles todo el dinero que podía. Con la chica del corazón solitario a su lado, el atractivo galán perfeccionó el sistema. Cuando una mujer se negaba a entregarle todo su dinero, este, ayudado por Martha, la asesinaba.

La pareja se dedicó a recorrer Estados Unidos y a contactar con mujeres a través de otros clubes como aquel en el que se habían conocido. Martha se hacía pasar por hermana de Raymond y sufría en silencio mientras este seducía y conquistaba a la víctima. Después le ayudaba a matarla y se hacían con todo su dinero. Entraron así en una espiral de amor y violencia: nuestra protagonista solo podía resistir los celos que le producían las conquistas de su hombre si después este las asesinaba. Dicen que ser celoso es como encontrarte solo en medio de enemigos sonrientes. Y algo así debió de sentir Martha: rodeada de personas que le podían arrebatar a su amor, necesitaba matarlas para sentirse segura.

Poco a poco el crimen acabó convirtiéndose en el único remedio contra el mal de abandono que aquejaba a Martha. Aún hoy en día es imposible calcular a cuántas mujeres mataron los dos corazones solitarios: en el juicio solo se pudieron demostrar tres asesinatos, pero se sospecha que hubo diecisiete víctimas más. Tras leer los informes periciales de los que hablaron con la pareja, es fácil deducir que todo aquel terror se justificaba bajo muchas de las premisas habituales del amor romántico. Martha siguió adelante porque creía que el amor es absolutamente necesario, infinito, y justifica todo lo que se hace en su nombre. Sacrificó su vida y la de muchas personas en nombre de un romanticismo exacerbado.

La historia de esta mujer lleva al extremo algo que no dejo de observar en terapia. Son cientos las personas a las que he visto anular su voluntad por «hiperempatía», es decir, por un exceso de necesidad de complacer a su pareja. Son individuos que, arrastrados por las hormonas, se sienten incapaces de decepcionar las expectativas del otro. Creen que poner límites o pedir negociar un punto medio es un acto egoísta y que la generosidad está en aceptar, sin discutir, las peticiones de la persona que aman. Obviamente, nunca he conocido a nadie que llegue al extremo de Martha Beck, pero su historia me resuena como una exacerbación del sentimiento que ha hecho que tantos pacientes acaben disolviendo su propio yo en un mundo tóxico que su pareja impone. El ideal romántico que he desgranado en los primeros capítulos de este libro pedía tal cantidad de sacrificios que la pareja era el asunto principal por el que se acudía a consulta hasta hace una década: me acostumbré a buscar siempre el problema amoroso que se escondía detrás de demandas terapéuticas que no parecían tener nada que ver.

Yo, mí, me, conmigo

En los últimos años, sin embargo, he sido testigo de cómo la sociedad supera, poco a poco, el llamado síndrome del arca de Noé, el patrón uniforme en que un mundo estructurado por y para parejas nos encorsetaba. Incluso los modelos culturales han cambiado: en el mundo actual, películas, literatura y series de televisión están protagonizadas en muchas ocasiones por singles. La vida individualista y la dificultad para conciliar pareja y vida laboral de los protagonistas de muchas series y películas de éxito son un reflejo de que el amor romántico ha perdido vigencia en la narrativa porque, al igual que en el mundo real, el sacrificio que supone cada vez nos compensa a menos personas. Nadie queremos ser Martha Beck, preferimos pagar el precio de la soledad. La libido, como energía vital, está en horas bajas. En una cultura cada vez más individualista, la mayoría de mis pacientes prefieren buscar la energía en otras motivaciones, como el logro, el poder, el dinero o la dopamina.

Existen dos enfoques diferentes acerca de cómo estructurar una sociedad, dependiendo de cuánto prioricemos la identidad personal y la pertenencia a un grupo. En una cultura colectivista, como la de Japón, Corea del Sur, China o algunos países de América Latina, el foco está en la armonía grupal, la lealtad y el bienestar colectivo. En estas sociedades, las personas suelen poner los valores y objetivos del grupo —como la familia, el equipo de trabajo o la comunidad— por delante de los intereses individuales. La identidad personal se construye a partir de la pertenencia y contribución al grupo, y el «nosotros» predomina sobre el «yo». Las normas y tradiciones compartidas son importantes para mantener la cohesión, y las decisiones individuales se evalúan en función de su impacto en el grupo.

En una cultura individualista, como la de Estados Unidos, Canadá o varios países de Europa Occidental, el énfasis está en la autonomía personal, los derechos individuales y la autorrealización. Aquí las personas son vistas sobre todo como individuos únicos con aspiraciones y deseos propios, y se alienta a tomar decisiones que beneficien a uno mismo, incluso si esto significa ir en contra de las expectativas del grupo. En estas culturas, conceptos como el éxito personal, el reconocimiento individual y el crecimiento profesional o emocional son muy valorados. La frase «sé tú mismo» es típica en estos contextos, ya que la identidad se percibe como algo que debe construirse de manera independiente y distintiva.

La diferencia entre estas culturas no implica una jerarquía entre mejor o peor, sino enfoques distintos para relacionarse con el mundo. Los dos modelos tienen tanto ventajas como limitaciones. Las comunidades colectivistas promueven el apoyo mutuo y la cooperación, aunque pueden reprimir la expresión personal o presionar para cumplir con las normas del grupo. Las sociedades individualistas, por el contrario, tienden a fomentar la innovación y la expresión personal, pero pueden correr el riesgo de crear aislamiento y una competitividad excesiva. En las primeras nos sentimos queridos, pero no libres. En las segundas la libertad es más cercana, pero el fantasma de la soledad acecha de continuo.

Poco a poco, el mundo se encamina hacia el segundo tipo de formato. Incluso en culturas tradicionalmente colectivistas, la deriva es hacia el individualismo. La era digital, por ejemplo, ha impulsado la apología de la autoexpresión y la autoimagen en la que, a menudo, la identidad se mide por la presencia en redes sociales. Plataformas como Instagram o TikTok valoran la autenticidad y la originalidad, e incentivan a las personas a presentar sus vidas y personalidades de manera única, lo cual es un valor individualista. La importancia de los likes y los seguidores refuerza una cultura de validación del individuo, donde la identidad se vuelve un «producto» que se expone y se consume. La globalización, asimismo, ha facilitado la movilidad laboral, lo cual ha reforzado el valor de la independencia profesional y el progreso individual, incluso en culturas colectivistas. En países asiáticos, donde tradicionalmente las familias eran un núcleo fuerte y estable, la migración laboral y la búsqueda de oportunidades en el extranjero han llevado a un distanciamiento de las redes familiares. Los profesionales jóvenes tienden cada vez más a moverse en función de sus intereses individuales y posponen o cuestionan valores tradicionales como el matrimonio. Incluso vamos hacia un consumo personalizado: las empresas han adaptado sus estrategias para ofrecer productos y experiencias hechos a medida, lo cual responde a una creciente demanda de individualidad. La tecnología ha permitido que cada persona configure sus preferencias, desde el contenido de entretenimiento hasta el tipo de dieta o ejercicio que mejor le funcione, lo que promueve una mayor personalización y menos uniformidad.

Por eso, en el mundo actual, conceptos como la búsqueda de propósito personal, la salud mental y el desarrollo individual son valores que se han difundido de manera global. Vivimos, cada vez más, en una «apología de lo auto»: autodesarrollo, autoestima, autoayuda, autocuidado… Incluso las fotos nos las tomamos a nosotros mismos, los selfis. Los millennials y la generación Z, incluso en culturas colectivistas, buscan carreras y hobbies que les permitan expresarse y sentir satisfacción individual, y priorizan estos objetivos sobre las expectativas relacionales. Y la pregunta que podemos hacernos es: ¿No es esa la opción más sensata? Porque… ¿qué aporta en una sociedad así el amor romántico? ¿Por qué un ciudadano del siglo XXI iba a dejar de lado su crecimiento personal para embarcarse en una propuesta que incluye continuos celos irracionales, esclavitud de los caprichos de otra persona por culpa de su adicción y altibajos emocionales porque su pensamiento ha entrado en una montaña rusa de todo-nada? En nuestra cultura individualista, el ideal de amor romántico parece poco apetitoso.

La socióloga británica Catherine Hakim, que acuñó el concepto de capital erótico, explica esta caducidad de la propuesta romántica utilizando, paradójicamente, terminología económica, la que se antoja más contraria al fenómeno amoroso. En las sociedades actuales, afirma esta investigadora, el capital erótico y social que antes se obtenía a través del matrimonio ahora se consigue de manera independiente y se cultiva mediante redes sociales, poder mediático y, en muchos casos, carreras individuales. Esto ha facilitado que, en especial para las mujeres, el matrimonio ya no sea necesario para obtener estatus o seguridad económica.

El dilema del prisionero

Además, ese amor iluso nos pedía algo completamente incompatible con el individualismo: la confianza total en el otro. Te voy a plantear un juego mental y me gustaría que te pararas a pensar cómo lo resolverías. Supón que estás inmerso en la siguiente situación: junto con un compañero de fatigas, has cometido un delito. Te detienen y el juez te ofrece un trato: si denuncias a tu cómplice y él no te delata, saldrás libre. A tu colega de fechorías, sin embargo, le caerán diez años. Por supuesto, puede ser que a él también se le ocurra denunciarte. En ese caso compartiríais el castigo, es decir, iríais cinco años a la cárcel cada uno.

Empiezas a dudar, porque el papel de delator no te convence. Pero, de repente, te das cuenta de la trampa en que estás metido. A tu compañero le van a ofrecer el mismo pacto. Y si él te denuncia y tú no lo haces, vas a tener que pasar diez largos años a la sombra. De todas formas, por aquello de tener todos los datos, le preguntas al juez: «¿Qué ocurriría si yo no denuncio a mi camarada y él tampoco me denuncia a mí?». El letrado te responde que, en ese caso, y tal como están las pruebas, cada uno cumpliríais un año de prisión. ¿Qué opción tomarías? Tómate un minuto y piensa.

Esta es una posible versión del dilema del prisionero. Desde que el matemático Albert W. Tucker lo formulara por primera vez en 1950, este problema de teoría de juegos ha sido utilizado en gran cantidad de ocasiones en ciencias sociales (economía, política y sociología, etcétera) y biológicas (etologías, biología evolutiva, etcétera). En realidad, muchas decisiones grupales e individuales son versiones de esta cuestión: tomamos uno u otro camino en función de la confianza que tengamos en la otra parte.

La pareja es, también, un dilema del prisionero. Pasamos de optimizar nuestros objetivos individuales a buscar el bienestar común contando con que la otra parte hará lo mismo. Pero dependemos de que la otra persona se embarque en el proyecto conjunto con la misma fuerza que nosotros, porque de lo contrario nos arriesgamos a ser nosotros los perdedores. Los románticos nos proponían que este cambio de modo de pensamiento fuera absoluto, que nos diéramos al otro sin medida, jugándonosla. Para un poeta o novelista cursi es igual que la otra persona entre o no en el proyecto compartido: si lo hace, disfrutaremos, pero no habrá obra de arte, y si el otro nos falla, sufriremos, pero tendremos un buen relato. Esa es la gran trampa del amor en la que nos piden que entremos, como el ratón que se aventura a coger su queso aun sabiendo que el cepo puede caer sobre él. Como decíamos en el capítulo 2, los adalides de esta forma de sentir nos piden que aceptemos que amar es sufrir. Y no es extraño que en el siglo XXI esa propuesta tenga cada vez menos seguidores. Si lo que le ofrecemos a las nuevas generaciones es un amor romántico al que hay que entregarse ciegamente, como hizo Martha Beck, en la confianza de que el otro a cambio «nos salvará» de la soledad, creo que cada vez habrá menos relaciones.

¿Dónde está el sexo?

Uno de los síntomas de esta tendencia masturbatoria del mundo actual es, en efecto, el asunto erótico. En *Annie Hall*, Woody Allen hacía decir a uno de sus personajes: «El sexo es lo más divertido que se puede hacer sin reír». Esta frase resumía una visión despreocupada y placentera del asunto carnal a la que parece que está renunciando el mundo moderno. A lo largo de todo el planeta, se diría que nos llegan indicios de que en la época en la que podríamos disfrutar con más libertad hemos decidido dejar de hacerlo.

En 2021, el *Journal of Sexual Medicine* publicó una investigación[5] que analizaba las tendencias globales en la actividad sexual, para lo cual se recopilaron datos de múltiples países, como Japón, Reino Unido y Australia. En el país nipón, por ejemplo, la tasa de personas de entre dieciocho y treinta y cuatro años que no habían tenido relaciones sexuales había aumentado a más del 40 por ciento. Cuando les preguntan, muchos de esos jóvenes contestan diciendo que desprecian el sexo por completo. A algunos de ellos les resulta indiferente y les da vaguería. A otros, les produce asco (podemos citar de nuevo a Woody Allen: «¿Es sucio el sexo? Solo si se practica correctamente»). Otras investigaciones llegan a la conclusión de que tres cuartas partes de la población consideran el sexo «una molestia para una vida ordenada centrada en objetivos laborales». El desinterés se extiende allí a tal velocidad que los economistas Hiroshi Yoshida y Masahiro Ishigaki, de la Universidad de Tohoku, han calculado que a este ritmo el 16 de agosto del año 3766 solo quedará un japonés vivo.[6]

Investigadores de la Universidad de Chicago y de la Universidad Estatal de San Diego, liderados por Jean M.

---

[5] Koyama, T., Fujiwara, T., e Isumi, A. (2021), «Sexual Inactivity and Sexual Frequency Among Young Adults in Japan: Findings from the National Fertility Survey», *Journal of Sexual Medicine*, 18(6), 1056-1064. https://doi.org/10.1016/j.jsxm.2021.03.002.

[6] http://www.bbc.com/mundo/noticias-37433981.

Twenge, publicaron otra investigación[7] que revela una disminución en la frecuencia de la actividad sexual en Estados Unidos. Analizaron datos del General Social Survey (GSS) entre 1989 y 2014 y encontraron que los adultos, sobre todo los nacidos después de 1990, están teniendo menos relaciones sexuales que las generaciones anteriores. Entre los factores principales se destacan la caída en las tasas de matrimonio, el estrés por la competitividad, la inestabilidad creciente en el mundo laboral y el tiempo dedicado a las nuevas tecnologías. El estudio sugirió que estas transformaciones han afectado a las relaciones interpersonales, porque el incremento del tiempo de ocio en soledad ha disminuido la libido.

En el viejo continente también vemos señales del descenso del culto a Eros. Un simpático anuncio danés[8] les recuerda a los ciudadanos que, aunque sigan viviendo bajo presión todo el año, aprovechen el relax de las vacaciones para tener relaciones sexuales. Los creadores de la campaña saben que no pueden convencer a personas productoras, con gran motivación de logro, para que simplemente se diviertan. Así que usan una excusa productiva para fomentar la relación entre el descanso laboral y la libido. Las imágenes de momentos de tensión erótica en la playa, en la piscina del hotel y en las visitas a monumentos van acom-

---

[7] Twenge, J. M., Sherman, R. A., y Wells, B. E. (2017), *Declines in Sexual Frequency Among American Adults, 1989-2014.* Archives of Sexual Behavior, 46(8), 2389-2401. https://doi.org/10.1007/s10508-017-0953-1.

[8] http://www.fucsia.co/sexo-y-relaciones/vida-en-pareja/articulo/un-video-incita-tener-relaciones-sexuales/50303.

pañadas de un texto que recuerda la importancia de hacer hijos para ayudar a sostener las pensiones.

Y en Argentina, la coincidencia de algunos datos indirectos (disminución en la venta de preservativos, menor ocupación de los hoteles que se alquilan por horas, etcétera) hizo que muchos analistas hablaran de la «crisis de sexo».

Incluso la pandemia, que parecería favorecedora para el placer carnal por aquello de que había más tiempo y más cercanía física de las parejas, resultó anafrodisiaca. Diversos estudios han observado una disminución en la frecuencia de las relaciones sexuales en aquella época. Una investigación de la Sociedad Internacional de Medicina Sexual de 2021 reveló que los confinamientos, la ansiedad relacionada con la pandemia y la incertidumbre económica influyeron negativamente en la actividad sexual de las parejas. Este estudio, realizado en Italia, España y China, mostró que durante la crisis de la COVID se incrementaron los problemas de salud mental, lo que llevó a un aumento de la depresión, el estrés y la fatiga, factores que redujeron el interés y la motivación sexual. Además, muchas parejas informaron haber experimentado tensiones en sus relaciones debido a la convivencia constante durante los confinamientos, lo que también influyó en su disminución. Se diría que el principal problema para el sexo es que nuestra pareja esté cerca, lo cual, aunque parezca paradójico, tiene sentido en el siglo XXI: el sexo nos resulta trabajoso porque hay que relacionarse con otra persona para tenerlo.

Demasiada complicación

Un fenómeno del mundo moderno corrobora esta última frase: la mecanización de la sexualidad. El escritor Aldous Huxley decía que el mundo no lo cambian las ideologías, sino las tecnologías ¿Ocurrirá esto con la sexualidad? A lo largo de la historia, muchos creadores han imaginado que algún día los avances científicos harían más placentera nuestra vida sexual. En la antigua Grecia, los dioses creaban seres que enviaban a la tierra para el solaz de los humanos. A principios del siglo XIX, E. T. Hoffmann idea al científico Spalanzani, fabricante de Olimpia, un autómata que seduce al protagonista. A finales del siglo XX, el cine se llenó de usos eróticos de la ingeniería: el orgasmatrón de Woody Allen (*El dormilón*), los cascos que hacen gozar a Sandra Bullock y Sylvester Stallone (*Demolition Man*) o los cyborgs sexuales (*Blade Runner*, *Inteligencia Artificial*) son solo algunos ejemplos.

Y en estas primeras décadas del siglo XXI hay muchos indicios de que esas fantasías de satisfacción sexual sin necesidad de amor romántico pueden hacerse realidad. El uso de vibradores, por ejemplo, ha experimentado un crecimiento significativo: en países como Estados Unidos y el Reino Unido, los estudios muestran que más del 50 por ciento de las mujeres han utilizado alguna vez este juguete sexual. Las apps de control remoto para estos aparatos permiten, también, la sincronización con música o vídeos, con lo que se disfruta de una experiencia multisensorial sin necesidad de relacionarnos con nadie. La Realidad Virtual (VR) y la Realidad Aumentada (AR) están introduciéndose en la industria sexual para crear experiencias inmersivas: algunas empresas ofrecen experiencias a la carta, lo que añade una capa de personalización que añadirá la posibilidad de crear amantes ideales, sin buscarlos en el MR (es decir, el mundo real, reducido a siglas cibernéticas). Los robots sexuales, asimismo, han pasado de ser dispositivos básicos a modelos increíblemente realistas, hechos con silicona de alta calidad y detalles anatómicos avanzados, capaces de moverse, hablar y responder a estímulos. Y como se insinuó en la película *Her*, estamos cada vez más cerca de tener aplicaciones de inteligencia artificial (IA) que permiten crear compañeros virtuales con los que se puede interactuar. Un ejemplo de desarrollo en este sentido son las wearables de monitoreo sexual, que pueden monitorear variables como la frecuencia cardiaca y los niveles de excitación durante la actividad sexual, y proporcionar retroalimentación al usuario. Para vivir la experiencia sexual en sí, cada vez necesitaremos menos esos complementos asociados que los adalides del amor iluso y cursi.

Todos estos datos nos muestran que quizá lo que esté en crisis sean las relaciones románticas, no el placer sexual. Como terapeuta, corroboro la idea: mis pacientes cada vez encuentran menos sitio en su vida para el amor. Los que están en pareja me hablan cada vez menos de su relación. Y los singles traen cada vez menos a terapia sus encuentros, porque la búsqueda de pareja no es importante. Cuando surge este tema, las expresiones habituales son del tipo de «No quiero meterme en ningún tipo de compromiso... ¡Qué pereza!», «Puedo tener sexo sin necesidad de complicarme la vida», «Ahora mismo no tengo tiempo para una pareja» o «¿Para qué me voy a arriesgar y meterme en algo que solo me ha traído problemas a lo largo de mi vida?».

A nivel social, esa tendencia creciente que ha transformado la estructura social y los modos de vida en la mayoría de los países desarrollados se puede poner en cifras. Todas ellas reflejan que la soltería se está consolidando como una opción de vida preferida. Numerosos estudios sociológicos y demográficos, entre ellos los del Pew Research Center en Estados Unidos y el Instituto Nacional de Estadística (INE) en España, muestran cómo el número de personas que optan por no comprometerse emocionalmente ha crecido de forma sostenida desde la década de los ochenta.

Los datos son sorprendentes. En Estados Unidos el número de adultos que viven sin pareja ha alcanzado el 31 por ciento, un cambio significativo en una sociedad donde la unión marital ha sido, durante siglos, el núcleo fundamental de la vida adulta. En España, el INE señala que el porcentaje de personas solteras ha crecido de manera constante en los últimos veinte años, en 2022 alcanzó el 38 por ciento en adultos de entre veinticinco y treinta y nueve años. Por otro lado, en países asiáticos como Japón y Corea del Sur la tasa de matrimonios ha caído de forma drástica.

La pareja, una institución obsoleta

El matrimonio ha sido, a lo largo de la historia, una institución fundamental para la organización social, pero sus funciones han cambiado radicalmente. Para entender esta evolución, el materialismo cultural de Marvin Harris resulta esclarecedor. Según Harris, las instituciones humanas surgieron para dar respuesta a necesidades materiales específicas, adaptadas a la estructura económica y social de su tiempo. En una sociedad agrícola o preindustrial, el matrimonio servía para consolidar alianzas familiares, acumular bienes, asegurarse la sexualidad e, incluso, optimizar la supervivencia del grupo familiar mediante la cooperación y el intercambio de recursos.

Las teorías de Harris, apoyadas por investigaciones como las de la antropóloga cultural Stephanie Coontz, autora de *Marriage, a History: How Love Conquered Marriage*, señalan que el matrimonio en las sociedades premodernas no estaba orientado al amor o la afinidad emocional, sino a los beneficios materiales y políticos. El matrimonio fue, en palabras de Coontz, «la herramienta más efectiva de la humanidad para asegurarse la subsistencia». La pareja reunida por amor es un fenómeno relativamente reciente que data del siglo XVIII.

En el siglo XXI, con la creciente independencia económica y el cambio en la estructura de las familias, la utilidad del matrimonio ha cambiado. Ninguna de las funciones que hemos citado tiene vigencia en nuestra época, y por eso cada vez menos personas ven el matrimonio como una vía indispensable para asegurar una vida plena o estable. La psicóloga Bella DePaulo, autora de *Singled Out: How Singles Are Stereotyped, Stigmatized, and Ignored, and Still Live Happily Ever After*, explica que en una sociedad donde la independencia y el empoderamiento son valores fundamentales la pareja, lejos de ser un sueño ideal, es vista por muchos como una limitación. El amor romántico es, cada vez más, un problema, no una solución.

Y quizá por eso el imaginario colectivo está destruyendo otro de los pilares de la cultura del romanticismo iluso: la tesis de que, como cantaban los Beatles, «todo lo que necesitamos es amor». Como decíamos en el capítulo anterior, Albert Ellis identificó varias creencias irracionales que influyen en nuestras emociones y nuestros comportamientos. Una de las más prevalentes es la creencia de que «debo ser amado por todos los que me importan, o de lo contrario no valgo nada». En el contexto de una relación romántica, esta creencia puede transformarse en una dependencia emocional en la que el valor de una persona está directamente vinculado a la aceptación de su pareja. El romanticismo nos vende una variante de ese constructo tóxico, porque parece que lo único que importa es amar, ya que así seré más valioso.

Esta creencia irracional es muy peligrosa cuando se rompe. Si una relación llega a su fin o si la pareja deja de cumplir con las expectativas idealizadas, la persona puede sentir que ha perdido su razón de ser. Esta dinámica es especialmente visible en las relaciones de «amor no correspondido», donde la persona que ama puede experimentar una caída emocional similar a la de una depresión clínica al enfrentarse a la indiferencia o rechazo de su objeto de afecto.

Pero incluso cuando hay reciprocidad, esta creencia irracional se convierte en una trampa emocional, porque ninguna persona puede cumplir todas nuestras expectativas. Depender del amor de otro para nuestro sentido de valía personal es tener muchas papeletas para el desastre emocional.

Por eso es tan importante entender la vida sin pareja estable como una elección. Si somos conscientes de haber optado, disfrutaremos más de esta alternativa. Pero, si nuestras hormonas nos traicionan y nos entra el pánico a sentirnos solos, buscaremos con desesperación y aceptaremos a la primera persona que nos haga caso. Al igual que le ocurrió a Martha Beck, cuando no somos capaces de afrontar el temor al abandono, es fácil que caigamos en las dependencias de los otros. Si tenemos miedo a la soledad, no amaremos nunca a nadie: lo único que podremos hacer es depender de otra persona. Y acabaremos, al igual que la chica del corazón solitario, convertidos en adictos que luchan contra una necesidad que su corazón siente, pero contra la cual su mente se rebela. Al igual que ella, nos iremos aislando de manera progresiva del mundo, porque las personas que no son «nuestra droga» nos terminarán percibiendo como adictos con los que es imposible una ligazón emocional. Nuestra vida sentimental girará en torno al objeto de nuestra adicción y el resto de personas acabarán hartas de que nunca quede un hueco para ellas en nuestro corazón. Al fin nuestro miedo a la soledad acabará llevándonos a quedarnos aislados.

El miedo está concebido en el ser humano como un mecanismo de alarma que avisa de que una determinada situación no está bajo nuestro control. Es decir: el miedo es neutral, porque una situación que no controlamos puede ser perjudicial, pero también beneficiosa. Que temamos algo no quiere decir que ese algo vaya a ser negativo. Sin embargo, hay personas que adoptan una táctica ante esa señal de alarma: evitar el objeto de temor. La estrategia nos parece lógica porque tenemos la sensación de que aquello que tememos desaparecerá si no nos enfrentamos a ello. De niños nos tapamos los ojos cuando creemos que se acerca un peligro. Y nos escondemos debajo de la sábana cuando pensamos que algún monstruo se ha metido en nuestra habitación. De adultos seguimos haciéndolo con algunos de nuestros temores.

Pero la táctica no funciona. Cuando éramos críos, ya era inútil: si alguna criatura de pesadilla hubiera estado cerca, taparnos los ojos o cubrirnos con una sábana no habría sido un antídoto muy eficaz. Pero, claro, los monstruos infantiles no existen y la técnica parecía útil. Sin embargo, cuando luchamos contra algo real como es nuestra soledad, la estrategia de la evitación solo ayuda a que el monstruo nos atrape. La soledad atrapó a Martha, que olvidó que uno puede estar aislado, aunque no esté solo. Raymond siguió con sus planes sabiendo que Martha era para él solo una «ayudante» eficaz. Ella dependía cada vez más de él, porque el tipo de vida que llevaban la alejaba de cualquier otra persona. Por no mirar hacia la soledad y plantarle cara, Martha estaba cada vez más sola.

Tememos a la soledad porque nos hace perder sensación de control: nos da la impresión de que acompañados estamos más seguros. La tendencia a buscar compañía es un mecanismo evolutivo desarrollado durante miles de años y nos cuesta renunciar a él, aunque hace mucho tiempo que sepamos que racionalmente es ilógico. Una vez escuché a un cómico narrando una caída de ascensor. El ascensor se descuelga, cae en picado y la mujer de al lado se agarra a él como si el cómico pudiera volar. ¿Por qué nos agarramos a alguien en una situación así? Por miedo a la soledad: siglos atrás era más adaptativo estar acompañado en cualquier situación de peligro.

El miedo al aislamiento es algo connatural en nuestra especie. La soledad existencial, la brecha infranqueable entre nosotros y los demás, es parte de la condición del ser humano. De hecho, la sentimos incluso en los momentos de mayor unión con otras personas. Nos sentimos a veces abandonados por hijos a los que queremos. Nos sentimos aislados en ciertos momentos, aunque tengamos buenos amigos. Y, a veces, como decía Joaquín Sabina, aunque estemos en medio de cálidas relaciones amorosas, acabamos por «recostar / nuestra cabeza en el hombro de la luna / y le hablamos de esa amante inoportuna / que se llama soledad». Estamos inevitablemente aislados de los demás. Y es necesario recordarlo aun en los momentos en que casi llegamos a estar en comunión con el otro.

No hay solución para el aislamiento existencial. Y menos aún en tiempos individualistas como los nuestros. Los singles actuales saben que estar en pareja tampoco tiene por qué conjurar ese miedo. Un estudio reciente de Smith y González (2023) halló que la sensación de soledad es igual de común en personas en pareja que en aquellas solteras, con lo que desafiaba la idea de que una relación romántica protege contra el aislamiento. La investigación reveló que la calidad de la relación influye más en la experiencia de soledad que el estado civil: muchas personas en pareja experimentan soledad debido a una falta de conexión emocional o comunicación. Además, quienes están en relaciones conflictivas reportan más aislamiento que los solteros con redes sociales fuertes. Los autores subrayan que la soledad depende de la calidad de las interacciones y no solo de tener o no una relación romántica. Elegir la opción single es ser consciente de que nuestra felicidad es igual de probable en pareja o solos.

Martha Beck fue una víctima del melodrama romántico. La policía la detuvo cuando ella y Raymond volvían del cine, después de haber asesinado a su última víctima y a su bebé. Tras un rápido juicio, los dos fueron ejecutados en la prisión de Sing Sing. Cuando era conducida hacia la silla eléctrica, Martha, que había pedido morir cuidadosamente peinada al estilo de la época, proclamó ante todos los testigos que Raymond era la única persona que la había querido a lo largo de su vida. Fue una lástima que su miedo a la soledad no le permitiera dar la oportunidad a otros.

Hace mucho tiempo que la literatura critica las relaciones románticas tradicionales. Autores como Virginia Woolf, pionera en la reivindicación de la vida independiente para las mujeres, declaraba que «una mujer debe tener dinero y una habitación propia si desea escribir ficción». Woolf enmarcaba así una idea que ha cobrado fuerza en la sociedad moderna: no necesitamos de una pareja para construir nuestras propias vidas. La independencia se ha convertido en un bien preciado, y muchas personas optan por la soltería como forma de evitar las concesiones personales que se consideran parte inevitable de una relación tal y como esta se diseña desde el amor romántico. ¿Por qué iba a querer un single actual, que lleva una vida plena en todos los sentidos, entrar en una relación que le exige adicción al otro y sensación de pérdida del propio yo?

En este nuevo orden social, los solteros ya no son «un problema» o personas incompletas. Al contrario, cada vez más estudios en psicología muestran que la soltería elegida puede correlacionarse con altos niveles de satisfacción personal, independencia y hasta mayores logros académicos y profesionales. El sociólogo Eric Klinenberg, autor de *Going Solo: The Extraordinary Rise and Surprising Appeal of Living Alone*, comenta que, en la era moderna, vivir solo puede representar una opción consciente y liberadora, donde el individuo cultiva su propio espacio y personalidad.

Como señalaba el dandi Oscar Wilde: «Amarse a uno mismo es el comienzo de un romance para toda la vida». En la época moderna, ese romance consigo mismo es, al parecer, más gratificante que nunca: ya no necesitamos seguir un ideal creado en el siglo XIX para obtener la felicidad en el siglo XXI.

5

La búsqueda del milagro

¿Hemos nacido el uno para el otro?

En el capítulo anterior recopilé los indicios que encuentro de que ser single se está convirtiendo en una opción con mucho potencial para una vida plena a lo largo de la aldea global. El ideal romántico es cada vez menos deseado en nuestro mundo y eso podría suponer el final progresivo de la pareja como vínculo afectivo.

No obstante, creo que existe todavía un espacio para el amor. Somos muchas las personas que nos alimentamos de la libido, de la energía que se genera cuando nos vinculamos en profundidad con otra. La pareja ha dejado de ser un ritual de paso obligatorio impuesto por la costumbre, pero sigue siendo una buena alternativa consciente para aquellos que queremos nutrirnos con esa energía sin perder nuestra esencia como individuos. Querer a alguien ya no será una forma de escape a la soledad o la presión social, pero compensará si existe una conexión emocional profunda y una compatibilidad de valores y propósitos.

La parte buena de este cambio es que nos hará alejarnos de una de las mayores trampas del amor, que se ha planteado en este libro: la dependencia. En el primer capítulo te conté cómo el romanticismo promovía que nos dejáramos llevar por nuestras hormonas paleolíticas y nos hiciéramos adictos a nuestra pareja. En cuanto nos enamorábamos, nos repetíamos constantemente a nosotros mismos aquello de «no puedo vivir sin ti». En nuestra época, sin embargo, podemos aprovechar la energía que da la libido sin caer en esa necesidad del otro. Para eso tenemos que estar abiertos a la posibilidad de dar con alguien que, a la vez que construye con nosotros un mundo conjunto, nos da fuerzas para enriquecer nuestra vida individual y fomenta nuestro desarrollo personal.

Elizabeth Gilbert, en su libro *Come, reza, ama*, describe esta propuesta al afirmar que «una relación no debería ser una jaula, sino un lugar donde las dos personas encuentren un espacio para crecer y ser ellas mismas». Lo que yo veo en terapia es que las mejores parejas son aquellas en las que la conexión profunda, la comprensión y el apoyo mutuo crean una fuerza que hace crecer a las dos personas. Han entrado en una relación sin necesidad alguna, sabiendo que estaban bien antes, pero les merece la pena intentar montar un vínculo porque han encontrado a una «persona milagro», alguien con quien compartir su vida de forma enriquecedora.

Encontrar a ese individuo es realmente difícil: se tienen que dar muchos factores para que la fuerza que surja de la relación sirva para crear una nueva vida. Y por eso, para hablar de amor consciente, es necesario empezar por optimizar nuestras elecciones, en vez de dejarlas en manos de las hormonas, tal y como hemos hecho hasta ahora empujados por una cultura que sigue los dictados del Romanticismo.

En *Cumbres borrascosas*, una de las obras fundacionales de la mitología del amor romántico, Catherine expresa la naturaleza intuitiva e inevitable de su amor hacia Heathcliff: «Es la misma alma mía... Yo soy Heathcliff. ¡Él está siempre, siempre en mi mente, no como un placer, yo no soy un placer para mí misma, sino como mi propio ser! [...] Si todo pereciera, y él permaneciera, yo continuaría existiendo; y si todo permaneciera, y él fuera aniquilado, el universo se convertiría en un vasto y desconocido abismo; yo no parecería formar parte de él. [...] Mi amor por Linton es como el follaje en los bosques; el tiempo lo cambiará, estoy segura, como el invierno cambia los árboles. Mi amor por Heathcliff se asemeja a las rocas eternas que están bajo tierra; una fuente de poco deleite visible, pero necesaria». Este fragmento de la novela de Emily Brontë refleja cómo el amor romántico durante el Romanticismo se percibe como una fuerza natural, inexplicable y hasta inevitable. La conexión entre Catherine y Heathcliff responde a una intuición irracional, una identificación tan intensa que la protagonista no concibe su existencia sin él. Guiados por un instinto animal paleolítico, los protagonistas de estas narrativas de amor iluso caían en la gran trampa del vínculo romántico.

En realidad, este concepto, tal y como lo conocemos hoy día, donde la atracción y la intuición marcan la elección de pareja, tiene sus raíces en la época medieval, sobre todo en las ideas del amor cortés. Esta concepción idealista del amor, perpetuada a lo largo de siglos por poetas, novelistas y cineastas, nos sugiere que la verdadera conexión amorosa surge de forma espontánea, sin necesidad de una evaluación racional. Describir el sentimiento como un «flechazo» habla de una conexión mágica y casi divina. Pero la ciencia sabe que hay muchas razones materiales ya caducas que sustentan ese momento supuestamente espiritual.

¿Qué hay detrás del flechazo?

La psicóloga Elaine Hatfield llevó a cabo uno de los muchos experimentos que demuestran que nuestro embeleso tiene bases fisiológicas ajenas a la conexión entre dos personas. En sus investigaciones expuso a sus participantes a situaciones de excitación emocional, como ver películas de terror, y luego les presentó a una persona del sexo opuesto. Hatfield observó que los participantes confundían la excitación con atracción y la atribuían a la persona que tenían delante, cuando en realidad era el resultado de un estímulo externo. Este fenómeno, conocido como error de atribución de la excitación, muestra cómo nuestras emociones no siempre son una respuesta directa a la persona que tenemos delante, sino que pueden verse influenciadas por factores externos por completo arbitrarios.

Una exacerbación de este fenómeno se manifestó en uno de los experimentos clásicos más divertidos de la psicología. Lo realizaron Donald G. Dutton y Arthur P. Aron, de la Universidad de Columbia Británica, Vancouver. En él, una colaboradora entrevistaba, uno a uno, a un grupo de voluntarios. Después ellos tenían que elegir si la llamaban por teléfono para continuar el experimento. La entrevista se hacía a veces en un lugar normal, a veces en lo alto de un peligroso puente. Los muchachos entrevistados en la situación peligrosa llamaron mucho más. La conclusión de los investigadores es que el peligro aumentaba el grado de atractivo de la ayudante. A mí me gusta llamar a este efecto el síndrome de Romeo y Julieta: cuanto más difícil es una relación, más estimulante parece ser la otra persona, porque es fácil confundir la sobredosis de adrenalina con el amor. El problema es que este fenómeno nos ha llevado a mitificar como deseable la relación que tienen estos dos jóvenes en la obra de Shakespeare, un vínculo que produce seis muertos en cinco días y que nos deja con la duda de si los protagonistas hubieran aguantado más de un mes de matrimonio.

Los factores externos son solo algunos de los ejemplos de variables que contribuyen al cóctel hormonal del flechazo. Se trata de restos inútiles de nuestra historia evolutiva, que tenían sentido en el contexto de supervivencia de nuestros ancestros, pero hoy en día no contribuyen en absoluto a relaciones estables y satisfactorias. Otro de estos factores es el aspecto físico del candidato. Aristóteles decía que «la belleza física valía más que cualquier carta de presentación». Desde luego, en el amor es así: hay muchos experimentos que lo confirman. El psicólogo Michael Efran, el antropólogo Desmond Morris y el psicólogo David M. Buss nos muestran en sus obras que nuestra selección emocional (aunque no nos guste reconocerlo) está guiada por patrones físicos muy claros. Las personas más deseadas (y con mucha diferencia: en el atractivo solo hay ricos y pobres, no existe clase media) son aquellas que tienen rasgos que aumentan la posibilidad de que nuestros genes se reproduzcan.

En otro capítulo hemos hablado de Helen Fisher, una antropóloga sagaz a la que podríamos denominar la «doctora anti-amor romántico». En sus investigaciones ha demostrado que la atracción inicial está influida por aspectos como la simetría facial, que se asocia con una buena salud genética, o por la compatibilidad bioquímica entre los individuos. Sin embargo, en el contexto actual, donde las relaciones tienen un propósito más allá de la reproducción, estos factores pueden resultar insuficientes. Según Fisher, «nuestro cerebro está programado para buscar signos de fertilidad y compatibilidad genética, pero estos factores no garantizan la felicidad ni la estabilidad en una relación a largo plazo».

Además, durante el enamoramiento, el cerebro libera dopamina, un neurotransmisor que produce una sensación de euforia similar a la que experimentamos bajo los efectos de ciertas drogas. Este «subidón químico» es el responsable de la idealización de la pareja y de la percepción de que hemos encontrado a alguien «único». Fisher señala que esta fase de enamoramiento puede durar entre uno y tres años, y su principal función evolutiva es asegurar que la pareja permanezca unida el tiempo suficiente para tener y criar a un hijo en los primeros años de vida, cuando es más vulnerable.

A pesar de toda la parafernalia con la que las novelas adornan el flechazo, estas investigaciones nos dicen que el sentido más importante es, de hecho, el más primario: el olfato. La memoria olfativa es la que de forma más directa se asocia a lo visceral. Nos besamos para intercambiar fluidos, medir nuestra compatibilidad biológica y olernos de forma sutil (el beso es un mordisco civilizado). Por eso la sensación de enamoramiento nos llega poco tiempo después del primer beso profundo en la boca. Una reciente encuesta realizada por la doctora Ingelore Ebberfeld, de la Universidad de Bremen, encontraba una enorme variedad de gustos olfativos. Muchas personas se excitan con el olor del pecho o del aliento de su amado. Pero es que, además, una gran cantidad de interrogados (23,1 por ciento) manifiestan que les atrae eróticamente el olor de las axilas, bastantes más (31,9 por ciento) los efluvios del pene y más aún (43,4 por ciento) los de la vagina. Incluso otras zonas corporales (como los pies) gozan de catadores olorosos. La citada investigación reflejaba también diferencias de género como base de esa heterogeneidad: a las mujeres, por ejemplo, les atrae más el perfume poscoito: un 26 por ciento reconocen sentirse muy excitadas con la mezcla de aromas que caracteriza la consumación de un acto sexual. Como puedes ver, las razones del atractivo de la otra persona son en realidad muy viscerales. Hemos cambiado poco desde el Paleolítico, aunque intentamos dar a nuestras elecciones una pátina de civilización a lo película de Woody Allen.

Para complicar más aún el mosaico de nuestra selección sexual y proporcionar más variedad de opciones, las últimas investigaciones nos hablan de la importancia del momento personal o de la situación en la que estemos inmersos. El citado David Schmidt, por ejemplo, nos recuerda que hay diversos estudios que muestran que las mujeres son más propensas a tener aventuras mientras están ovulando y que, en ese momento, prefieren a hombres de rasgos más masculinos y simétricos (indicadores de mejor salud y genes más competitivos). Sin embargo, el resto del tiempo eligen como más atractivos a hombres con un aspecto «más familiar». Esto se debe, según este investigador de la Universidad de Bradley, Illinois, a que las mujeres tienen una «doble estrategia» que consiste en buscar una pareja más comprometida que ayudará a la crianza (aunque su aspecto indique peor dotación genética) y optar, de vez en cuando, por la mejora en momentos puntuales de la ovulación. El alto porcentaje de embarazos después de aventuras puntuales extramatrimoniales parece darle la razón.

Por otra parte, este mismo científico nos recuerda la importancia del factor de la edad a la hora de explicar nuestras diferencias de comportamiento sexual y nuestros criterios de selección. En estudios realizados en cuarenta y ocho países del mundo ha comprobado que los hombres alcanzan su punto sexual más alto en la veintena, y las mujeres, en la treintena. En ambos momentos, los dos géneros se hacen menos selectivos. Para los hombres, la promiscuidad en la veintena optimiza la descendencia y para ellas, en la treintena, el momento en el que la concepción es más difícil, la estrategia de aumentar el número de parejas les reporta una mayor posibilidad de encontrar buenos genes, aunque no tengan tan asegurado el apoyo en la crianza.

El halo que todo lo envuelve

La bióloga Lisa DeBruine, otra destructora de los mitos del flechazo, encontró que las personas suelen sentirse atraídas por rostros similares a los suyos porque les evocan familiaridad y confianza. En otros tiempos, juntarse con «uno de los nuestros» tenía un sentido adaptativo. Pero, obviamente, esta fascinación inicial basada en el reconocimiento visual no garantiza que exista una compatibilidad emocional o de valores que permita una relación exitosa. Entonces ¿cómo justificamos la propensión en el siglo XXI hacia esas personas con físicos semejantes? Porque se idealiza al otro, se le imagina con unas características psicológicas que explicarían de manera racional nuestra elección.

En terapia observo a menudo ese efecto halo: el paciente me intenta convencer de que alguien que le atrae y acaba de conocer posee toda una serie de cualidades. Es un fenómeno que se encuentra en muchos experimentos; por ejemplo, cuando un individuo nos parece guapo, tendemos a pensar que es una persona de éxito en la vida. Así nos autoengañamos creyendo que hemos elegido a esa pareja porque nos gusta su capacidad de emprendimiento y su seguridad en sí mismo, aunque en realidad lo que nos atrajeron fueron sus ojos o su mandíbula.

Lo mismo ocurre con otras variables que también tienen efecto halo. Las investigaciones de la citada Helen Fisher demuestran que las personas con un olor «compatible evolutivamente» con nosotros (debido a sus anticuerpos, al pH y otros factores biológicos) nos parecen similares a nosotros en la escala de valores, la desenvoltura sexual y el sentido del humor. ¿Cuántas veces hemos oído frases como «Me entiendo muy bien hablando con él», «Nunca he disfrutado tanto con nadie en la cama» o «Me río un montón con ella: tenemos el mismo sentido del humor» para explicar el enamoramiento? En realidad, según los científicos mencionados, la cuestión funciona al revés: una vez que sentimos el atractivo bioquímico, imaginamos que compartimos valores, gustos sexuales y risas. Pero esto solo son efectos secundarios de una tormenta química previa.

Incluso en factores que creemos menos viscerales, como los valores y las expectativas sobre la relación, se produce un efecto halo decisivo. La psicóloga Lynda Boothroyd lo puso de manifiesto en un experimento que mostraba que los seres humanos predecimos, a partir de una fotografía, si la persona retratada es un buen candidato para una aventura de una noche o si solo estaría interesado en una relación más seria. Los participantes en el experimento encontraban más atractiva a la persona que preveían que podía satisfacer sus expectativas. Es decir, aquellos que buscaban compromiso amoroso evaluaban como más guapos a los que «tenían pinta de buscar algo duradero» y aquellos que preferían algo ocasional puntuaban más alto el aspecto físico de los que veían como «posibles candidatos a un rollo de una noche». Es decir, vemos más guapos a quienes creemos que buscan lo mismo que nosotros. Y eso introduce un factor subjetivo en nuestro criterio.

Confiar en nuestra intuición, dejando de lado la lógica y la evaluación racional, suele llevar a tomar decisiones impulsivas, basadas en emociones que con el tiempo se desvanecerán. Como afirma el psicólogo y biólogo Humberto Maturana, «el amor romántico es como un hechizo. Nos engaña con una visión idealizada del otro, y cuando el hechizo se rompe, a menudo descubrimos que nuestra pareja es alguien diferente al que creíamos ver».

Hacia un casting emocional

Si nos guiamos por la mentalidad romántica, nuestras elecciones serán producto de una intuición que en realidad esconde necesidades paleolíticas ahora desfasadas. Para esquivar esa trampa, yo ofrezco a mis pacientes una forma de elegir a la que me gusta llamar casting emocional. En terapia he visto que funciona y, en mi experiencia de treinta y cinco años pasando consulta, es un buen principio para una relación de amor consciente.

Imagina que eres el director de un casting para una película que se rodará en los próximos cincuenta años. Una película larga, llena de giros inesperados, momentos de comedia, drama y, por supuesto, amor. Tienes el poder de seleccionar al elenco que te acompañará en este viaje cinematográfico, pero aquí está el truco: una vez que contratas a alguien, es muy difícil despedirlo. Así que, ¿cómo aseguras que estás eligiendo a las personas adecuadas para la película que vas a vivir en los próximos años?

Se trata, en primer lugar, de preguntarnos a nosotros mismos qué factores nos resultan fundamentales para una relación milagro de la que hablábamos. Recordemos: partimos de la idea de que podemos vivir plenamente nuestra historia personal como singles, así que la pregunta sería... ¿Qué variables tiene que poseer la otra persona para que haya posibilidades de que me aporte ese plus que revolucione mi vida y la mejore? ¿Priorizo la apertura al cambio, la falta de narcisismo, la capacidad de negociación, la empatía, la resiliencia en los malos momentos, el hedonismo y la posibilidad de disfrute vital, la sexualidad, las habilidades de comunicación, la independencia económica, el proyecto de futuro común...? Como puedes ver, hay cientos de factores posibles. Mi propuesta es que cada persona se quede con cinco imprescindibles y otros tantos deseables en función de su propia forma de ser y su momento vital. Esas diez variables constituirían su decálogo personal.

En realidad, lo que les estoy proponiendo es que, para conocer al otro, se conozcan primero a sí mismos. Un estudio realizado por la Universidad de California en Los Ángeles encontró que las personas que tienen una comprensión clara de sus propios valores y necesidades son más propensas a formar relaciones saludables y satisfactorias. La inteligencia intrapersonal (ese sería el nombre técnico de esa cualidad) es el primer paso para convertirse en un buen zapador emocional, ya que nos permite tomar decisiones conscientes y fundamentadas sobre quién merece estar en tu vida.

Una vez diseñado nuestro listado de necesidades, lo que propongo a mis pacientes es que hagan el casting, e intenten averiguar si la persona posee esas cualidades antes de que las hormonas hagan su efecto y sea imposible pensar. El truco está en conseguir combinar cabeza y corazón durante las primeras citas y procurar que ciertas preguntas que nos van llevando a conocer al otro se introduzcan en el ritual de cortejo. Y, por supuesto, si puedes, guíate por los comportamientos, no por las palabras. Los directores de casting no preguntan a los candidatos si son buenos actores: les hacen pruebas. Trata de encontrar o preguntar por hechos, no te conformes con frases vacías como estas: «Me encanta la sinceridad en pareja» o «Creo que todos los problemas se pueden arreglar si hay amor».

Las acciones hablan más fuerte que las palabras, y el comportamiento de alguien a lo largo del tiempo es un indicador mucho más fiable de su carácter y de cómo te tratará en una relación. ¿Cumple con sus promesas? ¿Te respeta incluso cuando no está de acuerdo contigo? ¿Es coherente en su comportamiento o cambia de personalidad según la situación?

Un estudio publicado en *Journal of Personality and Social Psychology* reveló que el comportamiento es un predictor mucho más fidedigno de la satisfacción en una relación que las palabras. Los investigadores descubrieron que las parejas que mostraban comportamientos de apoyo y respeto mutuo eran más propensas a tener relaciones duraderas y felices, con independencia de lo que decían al principio.

Te dejo algunas sugerencias sobre cuáles podrían ser esas cuestiones a indagar. Creo que te van a sorprender porque son el tipo de asuntos que no solemos sondear de los posibles candidatos hasta que es demasiado tarde y ya no podemos dar marcha atrás.

¿Cuánto pesa su mochila?

Empecemos por un tema espinoso en el que pocas veces indagamos… ¿A qué se debió la última ruptura amorosa de la persona que estamos empezando a conocer? Esa pregunta (imposible de realizar cuando ya nos hemos enamorado, porque no queremos ni oír hablar de anteriores vínculos afectivos) nos ayuda a conocer el «lado oscuro» de nuestro posible compañero sentimental. Conocer cómo terminó una relación anterior puede proporcionarnos una visión sobre los patrones de conducta de una persona y su grado de autoconocimiento. Todos tenemos debilidades que salen a la luz en las rupturas de pareja, ponerlas sobre la mesa ayuda a clarificar la siguiente relación.

El sociólogo Francesco Alberoni, autor del influyente libro *Enamoramiento y amor*, define el amor pasional como una revolución, una transgresión que pretende crear un estado naciente a partir del cual el individuo inicia una nueva vida. La fuerza de este sentimiento nos hace creer que lo anterior no importa y que ahora empieza algo distinto. Como terapeuta, yo tengo la impresión de que eso es lo que se siente, pero en pocos casos es así. Lo más habitual en los seres humanos es que continuemos haciendo más de lo mismo, porque cambiar cuesta muchísimo y requiere desesperación, no es habitual que lo hagamos en un momento de euforia como este. Además, el baño hormonal de esta etapa está seleccionado adaptativamente para crear energía destinada a cambiar el mundo, no a uno mismo. Hay poca introspección en el romanticismo.

Por eso sería bueno preguntar a la otra persona por el final de las anteriores relaciones. No se trata de remover heridas, solo de escarbar en el pasado con visión de futuro. Conocer la huella que dejó en sus anteriores relaciones es una forma de encontrar «zonas de vulnerabilidad» que siguen estando ahí. Aunque nosotros pensemos: «Conmigo será diferente», si la otra persona terminó su anterior relación por una infidelidad, por su tendencia al alcoholismo o por su frialdad sexual, hay riesgo de que el problema se repita. Saberlo puede ayudar a prevenirlo.

Eso sí, conviene recordar que para estar realmente seguros de que conocemos la verdad hay que evitar las «respuestas humo». No podemos conformarnos con frases evanescentes como estas: «Se acabó el amor», «Nos habíamos convertido en amigos» o «Ya no teníamos los mismos objetivos vitales». Esos tópicos son solo una descripción del síntoma, una perogrullada equivalente a afirmar: «La relación se acabó porque se acabó la relación». Se trata de conocer las causas reales: el amor no se desintegra por sí solo.

Otra cuestión relacionada con la anterior son los duelos no resueltos. ¿Hay capítulos de su vida en los que aún no ha pasado página? Hoy en día, casi siempre nos enamoramos de personas con historias pasadas sin concluir. No siempre ha sido así: hasta principios del siglo XX la esperanza de vida no llegaba a los cuarenta años. La mayoría de las personas vivían una sola historia de amor. Y era una relación que casi siempre terminaba con la muerte de uno de los cónyuges, es decir, con una clausura emocional inevitable.

Pero en el siglo XXI nuestras parejas traen en su mochila duelos sin resolver. Muchas veces se trata de relaciones amorosas anteriores que todavía no han cicatrizado: el amor, como la guerra, es más fácil de empezar que acabar. Pero en la mochila no solo traen parejas anteriores, también entran en ese saco la familia de la que todavía no se han desvinculado («Mi suegra me trata como a un dios: sabe que existo, pero no me puede ver») o relaciones tóxicas de amor-odio con amigos.

En su libro *Pérdidas necesarias*, la psicoanalista Judith Viorst nos recuerda las consecuencias psicológicas de no haber renunciado a estos vínculos. Los duelos no resueltos generan expectativas irreales («Esta persona me hará olvidar a la anterior») y comparaciones («Aunque ahora me va mucho mejor en todo lo demás, el sexo era mejor en la desastrosa relación anterior») que van minando la relación. Y lo peor es que solemos ignorar de dónde provienen estas perturbaciones. No nos gusta hablar de las relaciones anteriores, porque el amor pasional se siente único. Cuando estamos enamorándonos, somos incapaces de creer que la persona se haya sentido así otras veces y nos cuesta preguntarle qué duelos no ha resuelto aún.

No tiene sentido emplear energías en duelos que no son nuestros, sino de nuestra pareja. Por eso es importante conocerlos. Miguel de Unamuno decía que «el amor es el hijo de la ilusión y el padre de la desilusión». Hoy en día también es el nieto de una ilusión posterior y está bien que conozca a sus antecesores.

Todo lo que quisiste saber sobre tu pareja y nunca te atreviste a preguntar

Marco Polo, en su *Libro de las maravillas*, escrito en el siglo XIII, describía con asombro cuál era el criterio de los habitantes del Tíbet a la hora de elegir pareja: «Para casar a las mujeres tienen una divertida costumbre que voy a contaros. Tened por cierto que, en este país, por nada del mundo un hombre tomaría por mujer a una doncella, porque dicen que no vale nada si no está acostumbrada a acostarse con muchos hombres. Y de una mujer que aún no ha sido conocida por ningún hombre, dicen que está mal vista por los dioses y por eso los hombres no se preocupan de ella y la evitan [...]».

Unas líneas más adelante, nos enteramos de las consecuencias que tiene para el noble viajero la necesidad de las mujeres de demostrar experiencia sexual para ser elegidas: «Por eso, cuando llegan gentes de alguna otra región del país a esta comarca [...] las ancianas de la población que tienen hijas por casar se las llevan, y a veces son veinte o treinta o cuarenta... Y se las proponen a los hombres, suplicándoles que tomen a su hija durante el tiempo que permanezcan allí. Y cuando los hombres han hecho lo que han querido con ellas, y quieren proseguir su camino, suelen dar alguna cosa (una joya, un anillo, una medalla...) a las muchachas con quienes se han divertido, porque así, cuando se casen, podrán presentar la prueba de que han sido amadas y han tenido amantes...».

De lo que no nos informa el perplejo Marco Polo es de su reacción ante esta curiosa forma de seleccionar esposa de los tibetanos. Para un veneciano nacido en plena Edad Media, proveniente de una cultura en la que las muchachas se elegían por su virginidad y castidad, el choque cultural debió de resultarle enorme. Quizá por eso no deja claro en su narración si llegó a satisfacer las demandas de sus anfitrionas.

Aunque viene de un lugar y una época muy lejanos, esta anécdota dice mucho sobre los conflictos del mundo actual. Por un lado, nada más antirromántico que la forma de elegir pareja de esta etnia. Su desenvoltura sexual choca frontalmente con lo que te conté en el segundo capítulo sobre la vigencia de los celos retroactivos, un vestigio de la época de las cavernas que todavía estaba vigente en el siglo XX. Pero, por otra parte, nada más lógico que la estrategia de los tibetanos: se aseguran de que su pareja tendrá un buen desempeño sexual, algo fundamental en las relaciones. Marco Polo nos relata una manera de entender la pareja más abierta, en la que esta se convierte en un modo de vincularse con el otro sin exigirle que haya estado anulado hasta entonces. Para los amantes románticos, parecería que la persona debería carecer de pasado, haber empezado su vida amorosa en ese momento. En nuestro siglo, sin embargo, quizá sea mejor estrategia integrar el pasado de la persona en el vínculo nuevo.

Y para eso es importante romper tabús que las hormonas nos crean y aventurarnos en los vericuetos del otro sin miedo. A las sustancias que gobiernan nuestra vida erótica, como hemos visto, solo les importa la reproducción y el cuidado de la prole y por eso nos piden que no averigüemos nada más. La calidad de pareja no es prioritaria para nuestras vísceras, y por eso, durante el cortejo amoroso, se habla de temas intrascendentes que nos dan la falsa sensación de conectar con el otro, pero no tocamos los asuntos que en realidad ayudan a decidir si nos merece la pena lanzarnos a la piscina hormonal.

Por eso yo recomiendo plantear, tarde o temprano, otra cuestión: ¿Cuáles son los temas que le cuesta abordar? En el mundo moderno, la mentira casi nunca está en lo que se dice, sino en lo que no se dice. La psicología de la comunicación en pareja ha demostrado que los silencios en una relación son indicadores de problemas a largo plazo. La socióloga M. Fishman encontró que en muchas parejas los temas de conversación que prevalecen son aquellos introducidos por el hombre, mientras que las mujeres tienden a evitar la confrontación directa. Esta dinámica puede generar resentimiento y falta de comunicación en la pareja, lo que a la larga afecta la calidad de la relación.

Ronald Laing, en sus estudios sobre la psicología de la comunicación, descubrió que las parejas más exitosas son aquellas que pueden hablar abiertamente sobre cualquier tema, sin importar lo incómodo que sea. Según Laing, «la diferencia entre las parejas que funcionan y las que fracasan no está en la cantidad de problemas que tienen, sino en su capacidad para hablar de ellos sin caer en el tabú». Conocer los temas que resultan difíciles de abordar permite prever si la pareja tiene la habilidad de enfrentar y resolver problemas de forma conjunta.

Además, a partir de esta pregunta podemos empezar a averiguar si la persona tiene capacidad de negociación. La terapeuta y escritora Esther Perel afirma que «el conflicto en una relación no es algo a evitar, sino una oportunidad para aprender más sobre el otro y fortalecer el vínculo». La capacidad de negociación y de manejo de conflictos se vuelve entonces esencial en una pareja, ya que permite enfrentar y resolver los problemas de manera constructiva, sin permitir que las discusiones debiliten la relación. En palabras de Perel, «una pareja sana no es aquella que no tiene conflictos, sino aquella que sabe cómo gestionarlos y llegar a acuerdos».

Otra cuestión esencial es la tolerancia a la frustración. Que las cosas no salgan como queremos genera ira. Si deseamos algo y no lo conseguimos, es inevitable que nos enfademos. La diferencia entre unas personas y otras reside en la forma de canalizar ese malestar.

Cuando alguien desilusiona a una persona con mucha tolerancia a la frustración, el «afectado» encuentra maneras de desahogarse sin afectar a los demás y rápido pasa a buscar nuevos objetivos. Pero esa no es la norma general; lo natural es la agresión: solemos atacar a las personas que nos decepcionan. En pareja, por ejemplo, se utiliza la violencia verbal o el chantaje emocional cuando la otra persona no nos da lo que queremos (cariño, sexo, atención...). En determinados casos, la dificultad para sobrellevar la frustración lleva a la violencia física: cuando no se consigue lo que se quiere, se recurre a la agresividad.

Un factor que aquí entra en juego es el narcisismo. Las personas enfocadas en sí mismas no toleran bien que los demás no actúen a su antojo. Les disgusta en especial que no se satisfagan sus expectativas. Y esto, evidentemente, es un dato a tener en cuenta en una pareja.

Por eso sería muy útil saber cómo se comporta el individuo con el que tenemos planes de compartir proyectos cuando las cosas no salen como quiere. Y nada mejor que preguntarle por ejemplos del pasado… ¿Qué hizo cuando no congeniaba con un profesor, cuando sus padres le impedían salir a determinados sitios, cuando vivió un rechazo amoroso, cuando no consiguió un trabajo por el que había luchado? Resulta probable que haya un patrón en el afrontamiento de esas situaciones.

Por último, un factor sobre el que también convendría saber bastante en esta fase inicial es la apertura al cambio. Las personas y las circunstancias cambian con el tiempo, y en una relación es natural (e incluso deseable) que las dos personas moldeen su forma de ser y varíen su personalidad.

Elegir en el siglo XXI

Henri Landru fue un seductor que captó con lucidez qué buscaban las mujeres a las que él quería conquistar. A finales del siglo XIX, las viudas de cierta edad —su público— se sentían atraídas por los caballeros respetables. Para detectarlos, usaban parámetros que ellas consideraban como infalibles: el atractivo físico, la elegancia en el vestir, el porte en la gesticulación, la elección de temas de conversación apropiados (no incluir, por ejemplo, sexo o dinero)… Este personaje aprendió a pasar holgadamente todas esas pruebas. A pesar de ser una persona rácana y con tendencias morbosas hacia la sangre y las vísceras, consiguió la apariencia de un buen caballero. Gracias a eso, sedujo a cientos de mujeres. A una decena de ellas las asesinó con el único fin de quitarles sus —a veces paupérrimos— ahorros.

Su encanto era tan notable que, cuando se le juzgó a principios de los años veinte, las crónicas de la época olvidaban la brutalidad de sus crímenes para centrarse en su forma de vestir y en su cautivadora conversación. De hecho, en las películas que le han dedicado directores tan conocidos como Charles Chaplin o Claude Chabrol, el personaje sigue siendo tratado como un individuo galante y cautivador a pesar de su truculenta vida de asesino usurero.

George Bernard Shaw, en una famosa cita sobre el matrimonio, expresó su escepticismo acerca de nuestras elecciones románticas así: «Cuando dos personas están bajo la influencia de la más violenta, la más insana, la más ilusoria y la más fugaz de las pasiones, se les pide que juren que permanecerán en esa condición excitada, anormal y agotadora hasta que la muerte los separe». Esta declaración subraya la paradoja del amor romántico: se nos pedía que tomáramos decisiones para toda la vida en circunstancias psicológicas en las que cualquier juez nos hubiera inhabilitado por carecer de uso de razón. Es lo que hicieron las víctimas del doctor Landru con nefastas consecuencias.

Pero el mundo está cambiando. Un ejemplo: el ritual de seducción se produce, cada vez más, en internet. Una gran cantidad de parejas se forman a través de la red. Y eso tiene una extraordinaria ventaja: el ritmo es más lento y permite conversar más antes de los primeros besos, esos que la doctora Fischer mencionaba como los responsables de la inundación de hormonas. Los estudiosos de los cambios que están produciendo las redes sociales en las relaciones amorosas (por ejemplo, Sherry Turkle) hablan de ese efecto de enlentecimiento del ritmo hormonal. En internet conocemos al otro antes de intercambiar fluidos, olores y diversos condimentos del amor romántico. Podemos hacer preguntas antes de que la bioquímica haya actuado y nos haga inventarnos las respuestas a favor de la persona de la que nos hemos enganchado.

Y eso es lo que está ocurriendo. Poco a poco, los seres humanos empezamos a hacer *preguntas tabú* antes de caer en las redes del amor. Se trata de cuestiones que las hormonas nos impiden plantear una vez que nos hemos enamorado, pero que, si conseguimos preguntar previamente, nos ayudarían a conocer bien a nuestra pareja. Y eso nos llevaría a un tipo de relación más realista que no se basaría, como lo hacía el amor romántico, en la idealización. El amor sano evitará el peligro del encorsetamiento del otro en nuestros prejuicios previos. Por el contrario, en ese tipo de vínculo reconocemos la esencia de la otra persona y la diferenciamos del resto de la humanidad.

El amor consciente que propongo en este libro para eludir la trampa de las hormonas debe comenzar de otra manera. Para ello, debemos hacer acopio de tolerancia a la tensión, porque muchas veces el otro querrá evitar ciertos temas y tendremos que «forzarle» a hablar de ellos. No será fácil renunciar al «prototipo amoroso hollywoodiense», en el que el principio del idilio transcurre en una nube de endorfinas que no nos permite ver a la otra persona. Pero después, a largo plazo, esta lucha contra la inercia romántica merecerá la pena, porque siempre es purificador enfrentarse a fantasmas psicológicos y ver cómo se diluyen en la normalidad. La pareja comienza cuando empezamos a escuchar las palabras que, por lo general, la otra persona no dice.

En el mundo moderno, el amor puede seguir siendo la respuesta, pero antes tenemos que reformular las preguntas. Cada vez más personas se niegan a deshojar la margarita preguntando a sus hormonas y prefieren que su cerebro eche una mano en vez de desconectarse definitivamente. Gracias a ese casting previo, quizá vivamos etapas en las que el amor sea algo más que una locura indomesticable.

Por supuesto, estos individuos asumen que la otra persona puede negarse a contestar cualquiera de esas preguntas del casting. Pero son conscientes de que ese silencio ya les proporciona información: saben cuáles son los temas tabú del otro, aquellas cuestiones que no quiere que se le planteen. Y pueden actuar en consecuencia a partir de esa información.

6

El mantenimiento de la llama

Domesticando las hormonas

En el capítulo 2 te hablé de la historia de Bertrand Russell y lady Ottoline Morrell. El filósofo era uno de los pocos ejemplos contemporáneos de una persona que reconocía sus celos, en vez de esconderlos, como solemos hacer en el mundo hipócrita actual. Russell era consciente de que, si consentía que sus vísceras paleolíticas guiaran su conducta, estas le llevarían a una necesidad de posesión que, a la larga, sería un obstáculo para su forma de amar con libertad como hombre moderno que era. Y por eso trató siempre de domar esa punzada que a veces sacudía sus entrañas.

Sus cartas muestran la evolución de una relación que trascendía el egoísmo visceral que nos piden nuestras hormonas y secundaba el amor romántico. Sabía que en el amor consciente nos servimos de la fuerza de la libido sin acabar siendo esclavos de ella. Hablando abiertamente de sus sentimientos, quitándole hierro y buscando las inseguridades que los causaban, Russell consiguió evadir la trampa de esa fuerza en principio destructiva y usarla para crecer como persona. En su libro *Matrimonio y moral* escribió: «Una vida no puede fundarse en el miedo, la prohibición y la mutua interferencia de la libertad. No hay duda de que los celos mutuos generan más infortunio en la pareja que la confianza en la fuerza última de un afecto profundo y permanente».

Leyendo sus cartas podemos ver, por ejemplo, como poco a poco consiguió evitar la trampa mental de la continua comparación. Se dio cuenta de que la mejor forma de eludir la inseguridad es acentuar las cualidades propias, no tratar de luchar contra las virtudes de nuestros rivales. Al intentar hacerse cada vez más autónomo y creativo, Russell atenuaba sus recelos. De hecho, en sus misivas constatamos cómo en ciertas épocas de su vida gran parte de su creación tuvo como fuerza impulsora los celos que sentía y la necesidad de convertirse en un ser único y especial para su amada. Lo que le daba una motivación para llevar a cabo su obra.

Por eso Russell sorteó caer en lo que los psicólogos llamamos celotipia, el momento en el que nuestros celos toman el control de nuestra vida. La propuesta que quiero hacerte de amor sano, esa forma de vínculo que puede tener sentido en el siglo XXI, es respetar la libertad de cada miembro, su estado anímico y sus necesidades. Cuando uno de los integrantes de la pareja cree poseer los sentimientos del otro, el equilibrio se rompe. El celoso se convierte en celotípico, una persona enferma de obsesión que tiene la paranoica sensación de sentirse solo entre enemigos perturbadoramente sonrientes. Y eso le hace entrar en un círculo vicioso: quiere ser amado, pero su actitud amargada resulta inaguantable para la otra persona. El celotípico es alguien que cree ser mártir y acaba martirizando.

Este personaje obsesivo, tan retratado (y justificado) en la narrativa romántica, pierde, en último término, las cualidades que le hacían especial a los ojos de la otra persona. Se convierte en un individuo con baja autoestima, inseguro de las cualidades que le distinguían. Su demanda continua de aprobación le hace arriesgarse demasiado poco, se comporta de forma rutinaria y deja de ser él mismo. Además, la comunicación, uno de los vínculos más importantes en la pareja, se desvanece. Los interrogatorios acaban por trocar en rutina y se pierde el sentido del humor conjunto: todo segundo sentido se transforma en señal de alarma. Al final, las conversaciones se ven reducidas exclusivamente a las preocupaciones y pensamientos del celotípico, esto es, se habla de lo mismo.

Russell intentó huir siempre de ese comportamiento, a pesar de que la narrativa romántica le hubiera dado la razón. Hay varias estrategias suyas que nos pueden servir para este viaje hacia el amor equilibrado que te propongo. Sus propuestas tienen que ver con tomar una posición activa con respecto a nuestros sentimientos, sin dejarnos inundar pasivamente por ellos. Por ejemplo: es importante no comunicarlos en todo momento a la persona involucrada en tono dramático. Si presionamos, aunque esa persona hiciera algo para que dejáramos de tener celos, tarde o temprano sentirá que se la ha privado de libertad. Por eso es importante no darle más relevancia que la que tiene cualquier sensación efímera e intrascendente: podemos reírnos de nosotros mismos mientras lo confesamos.

Otra de las tácticas mentales que usaba es analizar qué parte de su sentimiento de exclusividad estaba involucrada. Cuando sentimos que la otra persona no nos prioriza, suele ser en un aspecto concreto: la sexualidad, el compromiso, los planes conjuntos, la intimidad, la química intelectual... Russell se centraba en aquello en lo que ya no se sentía único para lady Morrell, no generalizaba el resto de la relación. A partir de ahí, trataba de reconquistar ese territorio, recurriendo a las estrategias que antes le sirvieron para convertirse en alguien exclusivo en ese sentido. Para ello se marcaba un objetivo que le sirviera para evaluar si la «reconquista» había tenido éxito. Los celos son infinitos: para domesticarlos, tenemos que establecer un acto (que la otra persona nos cuente algo íntimo, que nuestras relaciones sexuales sean mejores que nunca, que planifiquemos un viaje solos, etcétera) relativo al ámbito en el que nos hemos sentido en peligro, con el que pongamos fin a nuestros desvelos.

Y lo más importante: en sus escritos vemos cómo el autor intenta desdramatizar la posibilidad de la derrota. Todo tiene un final y la pareja también tiene fecha de caducidad. Cuando entraba en crisis, Russell sabía que *le gustaría* recuperar la sensación de ser único para esa persona, pero no *necesitaba* conseguirlo. Quería a Ottoline, pero sabía que podía vivir sin ella.

Por supuesto, el filósofo no consiguió siempre su propósito de domesticar sus hormonas, es decir, escucharlas, pero no darles mayor trascendencia. Como cualquier individuo, mantuvo contradicciones entre sus opiniones y su conducta diaria. Pero siempre intentó volver a su camino, a esta forma activa, dinámica y revolucionaria de afrontar el tema, combinando el sentimiento amoroso con la razón analítica. Se trata de extraer fuerzas de este poderoso sentimiento y mutarlo en energía que nos impele a esforzarnos en profundizar en nosotros mismos y generar unión en la pareja, que es la forma de amar característica del amor consciente.

Explorando nuestras inseguridades

Recuerda que Russell era filósofo. Mucho del trabajo que hizo fue mental. Era consciente de que el amor constructivo que pide nuestra época no podía justificar sus conductas echándole la culpa a impulsos viscerales. En el siglo XXI podemos decidir en qué queremos transformar las emociones trabajando en ellas. Por ejemplo: sentir celos nos puede hacer pensar en cómo han sido nuestros vínculos hasta ahora y de dónde vienen nuestras inseguridades. Para llegar a ello no hay que evaluar únicamente cómo han afectado a nuestras relaciones de pareja. Los celos aparecen por primera vez en la infancia, con respecto a nuestros padres: es lo que se vive, por ejemplo, cuando nace un hermano pequeño, en la «etapa de príncipe destronado». Después se maneja esta emoción con amigos, adultos de referencia, primeros amores... Si hasta ahora no hemos sabido canalizar este sentimiento, la relación actual nos da una buena oportunidad de aprender. El viaje hacia el amor consciente es una singladura que nos puede llevar a sentirnos cada vez más seguros, aunque partamos de vulnerabilidades anteriores.

La teoría del apego, desarrollada por el psicólogo británico John Bowlby, sostiene que los vínculos emocionales formados durante la infancia, sobre todo con los cuidadores, moldean la manera en que una persona se relaciona afectivamente en la adultez. Según este investigador, podemos desarrollar tres tipos de apego: seguro —relacionándonos con confianza—, inseguro evitativo —esquivando o rechazando el afecto por miedo al compromiso— e inseguro ansioso —entregándonos de manera obsesiva para no perder a las personas que queremos—. La forma en la que fijemos esas primeras relaciones, según Bowlby, tendrá un profundo impacto en cómo una persona enfrenta la intimidad, la dependencia emocional y el compromiso en el amor. El apego inseguro, caracterizado por la ansiedad y la evitación, surge cuando el niño no recibe una respuesta consistente y empática a sus necesidades, con lo que desarrolla una sensación de inseguridad y temor que, con frecuencia, permanece en la vida adulta, hasta que una relación profunda nos hace sentir seguros.

Bowlby observó que los niños que crecían sin una figura estable de cuidado, que proporcionara seguridad y cariño incondicional, tendían a desarrollar una mayor desconfianza y una percepción de inestabilidad en las relaciones, que arrastraban hacia sus vínculos amorosos. Como te he contado antes, este tipo de apego puede manifestarse de dos maneras: el apego ansioso y el apego evitativo.

Las personas con apego ansioso experimentan una fuerte necesidad de cercanía, pero esta cercanía a menudo viene acompañada de un temor constante a ser abandonadas. Pueden volverse muy dependientes de su pareja y demandar muestras constantes de afecto que validen su valor y su lugar en la relación. En terapia a menudo me encuentro clientes que sintieron, desde pequeños, que tenían que ganarse el cariño de sus padres. Recuerdo, por ejemplo, varios pacientes que habían vivido entre un padre ausente que, cuando aparecía, estaba siempre cansado y enfadado, y una madre que podía abrazarlos a veces y hacerles sentirse especiales, pero en cuanto llegaba el padre dejaba de atenderlos. Son individuos que se hacen muy sensibles a las señales de rechazo y en las relaciones adultas les cuesta confiar en que alguien los quiera de verdad. Si su pareja no responde un wasap rápido o está algo distraída en un momento dado, su ansiedad se dispara. Empiezan a preguntarse si hicieron algo mal y si hay otra persona. Necesitan que les aseguren una y otra vez que todo está bien, aunque se dan cuenta de que esto cansa a sus parejas. Al final esa forma de mendigar cariño constante acaba alejando al otro, convirtiendo el apego ansioso en una profecía autocumplida: cuanto más temen ser abandonados, más aumentan las probabilidades de que esto ocurra.

Por otro lado, las personas con apego evitativo suelen experimentar incomodidad ante la cercanía emocional y tienden a rehuir de la intimidad. Mantienen, pues, una actitud distante que a menudo se interpreta como indiferencia. En este caso, lo que como psicoterapeuta veo son clientes que, desde niños, aprendieron que no podían contar con los demás, porque sus padres estaban presentes físicamente, pero no mantenían un afecto constante. Cuando intentaban mostrar sus emociones o pedir ayuda, solían sentir que molestaban o que no había espacio para ellos. Así que, poco a poco, fueron aprendiendo a callar lo que sentían y a resolver las cosas por su cuenta. Se hicieron a la idea de que era mejor no depender de nadie, porque al final siempre se quedaban solos. En la edad adulta se esfuerzan por parecer fuertes, aunque por dentro se sientan tristes o confundidos. Esto conlleva que les cueste mucho abrirse en sus relaciones. Al principio se sienten cómodos estando cerca de alguien, pero, cuando las cosas se ponen más serias, se sienten atrapados. Les invade la necesidad de poner distancia, de proteger su espacio y su independencia, como si la intimidad fuera una amenaza. Por eso prefieren no comprometerse o expresar afecto: temen que, si alguien se acerca demasiado, los lastime o los decepcione.

Los patrones de comportamiento que genera el apego inseguro han sido objeto de diversos estudios científicos. Uno de los más ilustrativos es el realizado por el psicólogo Harry Harlow con crías de monos *Rhesus* en la década de los cincuenta. En su experimento, Harlow separó a los monos de sus madres y los crio con dos «madres» artificiales: una hecha de alambre que proveía alimento y otra de tela suave. Los monos preferían pasar la mayor parte del tiempo con la madre de tela, buscaban en ella el contacto físico y la sensación de seguridad. Este experimento mostró la importancia del afecto y la cercanía en el desarrollo de un apego seguro, y demostró que, cuando estas necesidades no se satisfacen, se desarrolla un patrón de inseguridad en las relaciones que persiste y afecta el bienestar emocional.

Mary Ainsworth, otra figura clave en la teoría del apego, diseñó en la década de los setenta un estudio denominado «La situación extraña» para observar el comportamiento de los niños en presencia y ausencia de sus madres en un entorno nuevo. Este experimento reveló que los niños con apego inseguro manifestaban reacciones distintas a los de apego seguro al ser separados de sus cuidadores: los primeros reaccionaban con angustia y desesperación, mientras que los evitativos aparentaban indiferencia, aunque, fisiológicamente, mostraban signos de estrés. Este hallazgo fue fundamental para comprender que los patrones de apego inseguro se establecen en la infancia y pueden permanecer en la adultez, afectando la forma en la que una persona se relaciona y afronta la vulnerabilidad emocional.

El problema de esta dificultad para vincularse cuando, por dentro, se está deseando hacerlo es que nos hace caer en la trampa de vivir el amor de forma turbulenta, oscurecido por el miedo a ser rechazados o por una tendencia a mantener las emociones a distancia. La literatura ha expresado en multitud de ocasiones estos sentimientos frustrantes a través de personajes y citas que capturan las complejidades del apego inseguro. De hecho, podríamos decir que muchas de las ficciones que instauran la narrativa del amor romántico exploran las turbulencias de la mezcla entre los dos estilos de apego inseguro, el evitativo y el ansioso. Un buen ejemplo es *Cumbres borrascosas* de Emily Brontë. La relación entre Heathcliff y Catherine Earnshaw está marcada por la intensidad y el dolor, donde los estilos de apego inseguros de ambos contribuyen a su trágico destino. Catherine presenta un apego ansioso. A pesar de su amor por

Heathcliff, siente que no puede estar con él debido a las expectativas sociales y económicas de su época. Esta inseguridad le genera una constante necesidad de aprobación y una sensación de inferioridad cuando está con alguien de su misma clase, como Edgar Linton. Aunque siente una conexión profunda con Heathcliff, se encuentra dividida entre sus deseos personales y la presión de conformarse con un matrimonio seguro y respetable. Esta ambivalencia la hace actuar de forma contradictoria, rechazando a Heathcliff en algunos momentos para luego buscar su aprobación con desespero.

Heathcliff, en cambio, muestra rasgos de apego evitativo. Marcado por el rechazo y el abuso desde su infancia, desconfía de los demás y guarda rencor por los desprecios que ha sufrido, incluyendo el de Catherine. Cuando ella se casa con Edgar, Heathcliff responde con ira y se distancia emocionalmente, adoptando un carácter frío y vengativo. Su miedo a la vulnerabilidad y su incapacidad para manejar su dolor lo llevan a construir un muro emocional, en lugar de buscar una solución para su relación.

La interacción entre ellos, marcada por la oscilación entre atracción y rechazo, crea una dinámica destructiva. Catherine quiere la cercanía de Heathcliff, pero teme perder su posición social, mientras él responde con distancia y amargura, lo que la deja aún más insegura. La falta de comunicación y el orgullo impiden que reconozcan sus propias heridas emocionales, lo que los lleva a un final trágico. A través de esta historia, Brontë ilustra cómo los apegos inseguros pueden transformar el amor en una fuente de sufrimiento cuando no se enfrentan las propias vulnerabilidades y temores.

Por suerte, como terapeuta os puedo decir que el apego inseguro no es inmutable y existen relaciones que permiten sanar y transformar estos patrones. El amor consciente, el que parte de reconocer nuestras inseguridades e ir trabajándolas, acaba proporcionando esa estabilidad, respeto y empatía que tienen el poder de fomentar el desarrollo de un apego seguro, aun en personas que presentan patrones inseguros. Cuando una persona con apego inseguro se encuentra en una relación con alguien que es constante y comprensivo, comienza a desarrollarse una mayor confianza en el vínculo y los temores disminuyen. Este tipo de relaciones permite que quienes padecen un apego ansioso aprendan a regular sus emociones y confiar en su pareja, mientras que aquellos con apego evitativo pueden sentirse lo bastante seguros como para abrirse emocionalmente y experimentar una intimidad genuina. Es el apego seguro una relación donde cada persona es capaz de mantener su individualidad sin que esto impida una conexión profunda y confiable.

Somos aquello a lo que atendemos

Para desarrollar ese tipo de lazos es esencial dedicar mucha de nuestra energía emocional al asunto amoroso. Como decía Antoine de Saint-Exupéry en *El principito*, «es el tiempo que has perdido en tu rosa lo que hace a tu rosa tan importante».

Supongo que habrás notado la admiración que siento por Bertrand Russell como intelectual. En efecto, es uno de mis filósofos de cabecera. Para pensar juntos acerca de la importancia de la atención plena a la hora de construir un amor saludable te voy a hablar de otra de mis filósofas emblemáticas: Simone Weil. Para mí es una de las mentes más brillantes y radicales del siglo XX. Fue una pensadora única, cuyas ideas se forjaron en un cruce entre la filosofía, la mística y la política. Intransigente, desafiante y profundamente empática, Weil abordó el amor y la justicia como experiencias humanas inseparables. Su filosofía, que hay quien define como «una espiritualidad sin concesiones», va más allá de las nociones tradicionales de la religión y la moral para revelarse en cada acto de vida, en cada relación y en cada pensamiento, sin perder nunca su implacable compromiso con la verdad.

Su vida estuvo marcada por una serie de anécdotas y decisiones extraordinarias que reflejan su profundo sentido de la justicia y la compasión. Desde joven, Weil mostró tal desprecio por la comodidad que la llevaba a desear comprender el sufrimiento ajeno de primera mano. A los veinticinco años renunció por un tiempo a su puesto de profesora de Filosofía para trabajar como obrera en fábricas francesas. Creía que solo entendiendo la miseria y la explotación en carne propia podría hablar con autoridad sobre la opresión y la injusticia. Pero su vocación por vivir al límite no se detuvo ahí: durante la Guerra Civil española, aunque su salud era débil y su visión deficiente, se unió a las filas del bando republicano para combatir el fascismo. De hecho, albergó un proyecto insensato, un plan audaz y casi suicida: lanzarse en paracaídas sobre la Francia ocupada para unirse a la resistencia y, simbólicamente, compartir el destino de su pueblo oprimido. El plan se rechazó debido a su frágil salud. Fue una figura muy compleja, que, aun con todas las limitaciones físicas, abrazó un ideal de amor y sacrificio radicales que le hizo ganarse el respeto, y también el asombro, de quienes la conocían.

La teoría de Weil sobre la atención constituye el núcleo de su pensamiento. En una de sus reflexiones más conocidas afirma: «Somos aquello a lo que atendemos». La frase encierra su convicción de que la atención genuina es el acto más puro y elevado que un ser humano puede realizar. Para Weil, la atención es más que un simple enfoque mental, es una disposición completa del alma, un abandono de sí mismo que permite ver al otro en toda su complejidad. La atención, en el sentido weiliano, es un acto de amor desinteresado, una apertura radical que suspende el ego y permite recibir al otro sin juicio ni expectativas. En su visión, este tipo de atención es tan potente que se convierte en una forma de trascendencia, que transforma las relaciones con los demás en algo que va más allá de la cotidianeidad.

¿Cómo se conecta esta profunda teoría de la atención con el amor en las relaciones humanas? Weil nos invita a pensar en el amor no solo como una emoción o un impulso, sino como una elección y un esfuerzo de enfoque constante en la otra persona. Para ella, el amor nutritivo es aquel que se construye al sostener una atención pura y constante en el ser amado y que evita reducirlo a una proyección de nuestras propias necesidades, deseos o miedos. Esta forma de atención evita que caigamos en la instrumentalización del otro que hace el amor romántico, porque vemos a quien amamos no solo como un refugio para nuestras carencias, sino como una persona completa y única en su individualidad.

El amor, a la luz de Weil, se convierte en un compromiso de atención sostenida: prestar atención a alguien significa dejar de lado nuestras distracciones, nuestras ansiedades y nuestra tendencia a mirar solo desde el ego. Es un acto de paciencia y humildad, de disposición a observar al otro sin tratar de imponer nuestra voluntad o de rellenar los vacíos de silencio y misterio con suposiciones propias. Al atender de esta forma, nos damos cuenta de la existencia del otro como un misterio insondable y valioso en sí mismo.

La filosofía de Simone Weil sobre la atención transforma el amor en algo más que una unión de almas: lo convierte en un acto de humildad y reverencia. Atender es ver a quien amamos en su singularidad irrepetible, en su dignidad y en su libertad. En un mundo donde es tan fácil distraernos porque estamos rodeados de «depredadores de atención», donde las relaciones a menudo se construyen sobre proyecciones o sobre el miedo a la soledad, Weil nos recuerda que el amor verdadero no consiste en fusionarnos con el otro, sino en sostener la distancia necesaria para contemplar su libertad y su misterio. Nos enseña, entonces, que el amor es, ante todo, un acto de atención. Y, siguiendo su pensamiento, podríamos afirmar que el amor consciente significa saber mirar, saber escuchar y aprender a estar en silencio ante el otro.

Comunicar para saber

En los años noventa, el psicólogo John Gottman y su equipo desarrollaron una metodología para predecir la estabilidad de una pareja observando su comunicación. En su «laboratorio del amor» grabaron a parejas hablando sobre temas conflictivos y analizaron sus interacciones. Gottman descubrió que ciertos patrones negativos de comunicación, a los que llamó los «Cuatro Jinetes del Apocalipsis» (crítica, desprecio, actitud defensiva y evasión), son predictores de divorcio con una precisión sorprendente, que llega hasta un 90 por ciento. El desprecio resultó ser el más destructivo de los jinetes, al comunicar superioridad y falta de respeto.

Una década después, Robert Levenson y John Gottman investigaron el impacto de la comunicación no verbal en las relaciones de pareja. Colocaron a parejas en situaciones de estrés y grabaron sus expresiones faciales, su lenguaje corporal y su tono de voz. Observaron que aquellas parejas que lograban sintonizar emocionalmente mediante gestos y miradas (esto es, comunicación no verbal) desarrollaban una mejor comunicación en los conflictos. El estudio demostró que la capacidad de responder a las señales emocionales del otro ayuda a las parejas a mantener la calma y la conexión en momentos difíciles.

El amor sano se basa en hechos, no en palabras ni en deseos. No basta con tener la intención de construir algo con el otro, hay que traducir ese deseo en una comunicación que de verdad busque el diálogo. Como muestran los dos experimentos que he comentado, esa capacidad de negociación se tiene que traducir en muchas variables, tanto verbales como no verbales. Por eso es importante no dejar de trabajarnos a nosotros mismos a medida que vamos relacionándonos con el otro.

Eso supone, sobre todo, dedicar fuerzas y tiempo (de calidad) a los objetivos vitales que las dos personas comparten. No se trata de caer en la gran trampa del amor romántico, en «fusionarse» y olvidar los proyectos individuales, pero tampoco sirve pasarse al individualismo egoísta, en el que no nos arriesgamos nunca a conectar del todo con otra persona. El punto medio es priorizar la pareja mientras sigo con mi vida individual, ofreciendo esa atención plena que demandaba Weil.

Otra cualidad que tenemos que cultivar (y que nunca aparece en la narrativa romántica) es la tolerancia a la tensión interpersonal que supone la continua resolución de conflictos en pareja. Entrar en un vínculo constructivo supone aprender de forma progresiva a no evitar los conflictos, a elegir generalmente una táctica de afrontamiento, aunque al principio nos cueste. El tiempo en común nos hace perder paciencia a la hora de tomar decisiones en común. Y por eso es importante cultivar el hábito de hablar de emociones «suaves» (tristeza, miedo, soledad…) antes de explotar con sentimientos «duros» (ira, resentimiento, venganza…)

En terapia trabajo a menudo este tema. Puedo contarte, por ejemplo, la historia de Juan, un cliente que con más de cincuenta años aprendió a tolerar la tensión interpersonal en nuestras sesiones. Al principio, él siempre me transmitía su temor a que cualquier conflicto llevara a la ruptura. De hecho, no podía ni plantearse discutir con su nueva pareja, porque, en sus dos relaciones anteriores de larga duración, cualquier crítica acababa con la otra persona enfadada durante días. Pero al final consiguió interiorizar tanto la necesidad de discutir los desacuerdos que —me confesaba con ironía— en las épocas en que no existían fantaseaba con inventarlos, porque sentía que profundizaba más en su pareja cuando había tensión por puntos de vista diferentes.

Como reflejan experimentos como los anteriores, un factor de deterioro de la pareja en esta variable es la tendencia a «discutir mal» a la que nos arrastra el estrés del día a día. Las relaciones sanas necesitan conversaciones tensas, pero estas tienen que ser productivas. Para eso es útil buscar lugares y momentos adecuados para resolver los conflictos, eliminar los temas tabú, afrontar las conversaciones en vez de evitarlas, deshacer el dogmatismo y estar dispuesto a explorar alternativas, tener en mente una estrategia «todos ganan» en lugar de intentar vencer al otro, evitar la monopolización de la conversación por parte de un miembro de la pareja y especificar el problema (en vez de hacer generalizaciones del tipo «Tú eres un egoísta», tan habituales en parejas que llevan mucho tiempo juntos).

Pero si queremos cultivar el amor consciente, debemos recordar sobre todo que los desacuerdos se resuelven «hacia delante», nunca «marcha atrás». La revitalización se consigue con negociaciones sobre cómo lograr satisfacer las necesidades respectivas en el futuro en vez de discutir sobre el pasado. Los conflictos se solucionan hacia delante, no hacia atrás. La memoria no es un disco duro: los seres humanos tergiversamos nuestros recuerdos para que encajen mejor en la imagen que tenemos de nosotros mismos. Por eso es difícil ponerse de acuerdo sobre qué pasó. Sin embargo, eso no nos impide decidir cómo haremos las cosas a partir de ahora.

Los saltos evolutivos positivos en nuestra pareja se producen cuando constatamos que es irracional atribuir continuamente mala voluntad a la otra persona: los conflictos se producen por diferencias personales y son conflictos de intereses, no ataques contra nosotros. Si queremos mejorar la salud de nuestra pareja, tenemos que olvidarnos de la idea romántica de que todo lo que no sea amor-fusión es odio y asimilar los datos reales que nos dicen que el amor libre de dependencia consiste en armonizar (no anular) dos individualidades para construir un mundo que sea algo más que su suma.

¿O ADICCIÓN, O ABURRIMIENTO?

Como te conté en un capítulo anterior, Francesco Alberoni, sociólogo y filósofo italiano, desarrolló una teoría que divide el amor en dos fases: el «amor pasional» y el «amor compañero». Para Alberoni, estas fases representan etapas distintas en el desarrollo de una relación amorosa, cada una caracterizada por sentimientos y dinámicas particulares. En la primera fase, el amor pasional, se experimenta un estado de atracción intensa y casi arrebatadora. Más tarde, a medida que la relación madura, la pareja entra en la fase del amor compañero, un estado más estable, basado en la confianza y la amistad.

El romanticismo ha priorizado la primera fase, pidiéndonos que nos entregáramos al amor sin que interviniera la razón. Toda la narrativa que se monta a partir de entonces prioriza esta forma de locura temporal, porque, al ser el sentimiento universal más común, es fácil llegar al público con sus sensaciones. Las novelas, el cine y la música están inflamados por el amor iluso. En el ámbito musical, un análisis realizado en 2017 por Spotify y la Universidad de Miami reveló que aproximadamente el 60 por ciento de las canciones populares en la plataforma mencionan el amor como tema principal o secundario. En el cine, el American Film Institute estima que más del 20 por ciento de las películas producidas en Hollywood desde 1950 son romances o tienen el amor como una subtrama central. El amor está también presente en una enorme cantidad de películas de otros géneros, como dramas, comedias y películas de acción. En la literatura, el sitio web Goodreads, que permite a los usuarios etiquetar libros según sus temas, muestra que casi un tercio de las novelas más populares incluyen el romanticismo como elemento central.

Esta primera fase del amor tan presente en los relatos que nos cuentan desde pequeños describe un estado de atracción intensa y de deseo que va más allá de lo físico y que produce una experiencia transformadora. Alberoni denomina este fenómeno como el «estado naciente», una fase en la que la percepción de los individuos cambia y el mundo se vuelve más luminoso e intenso. Durante esta etapa, las personas suelen experimentar una idealización del otro, viendo en él o ella no solo una pareja, sino una figura casi mítica que encarna sus deseos y aspiraciones más profundas. Alberoni describe este amor como un impulso revolucionario: el enamoramiento, según él, «es una transformación personal tan potente que llega a cuestionar, en algunos casos, el orden social». Aquí, el amor se convierte en una fuerza que, al menos momentáneamente, sacude los pilares de la vida cotidiana, modificando prioridades y deseos. Esa fuerza, que el amor romántico pretende dejar libre, es la que el amor nutritivo procura canalizar para que sirva en nuestro crecimiento personal y de pareja.

El gran problema del amor pasional no encauzado es su gran volatilidad. En un estudio realizado en 2005, la psicóloga Helen Fisher mostró mediante escáneres cerebrales que el amor romántico activa áreas del cerebro vinculadas con el sistema de recompensa y la liberación de dopamina, una hormona relacionada con el placer y la motivación. Esta activación cerebral, similar a la que experimentan los adictos a sustancias como la cocaína, explica la naturaleza casi obsesiva del amor pasional: la dopamina genera una sensación intensa de gratificación y anticipación que, en exceso, puede llevar a comportamientos irracionales y desbordantes. Este componente químico refuerza la idea de Alberoni de que el amor pasional es un estado de transformación, pero también de vulnerabilidad.

El mito de que el amor es una fuerza eterna y constante ha sido uno de los más duraderos en la cultura occidental. Se olvida a menudo la advertencia que Shakespeare hace en *Romeo y Julieta*, uno de los puntales del romanticismo exacerbado: «El gozo violento tiene un fin violento y muere en su éxtasis como fuego y pólvora que, al unirse, estallan». La ciencia corrobora la teoría del bardo inglés, este tipo de amor intenso y apasionado tiene una corta vida útil. La psicóloga Dorothy Tennov en los años setenta introdujo el concepto de «limerencia» para describir el estado de obsesión amorosa que, según sus estudios, solo se sostiene en los primeros dos a tres años de una relación. Esta fase de amor pasional, con sus altos niveles de dopamina y norepinefrina, es transitoria y con el tiempo da paso a una conexión más calmada o, en muchos casos, a una inevitable disminución de la atracción.

Los estudios de neurociencia han avanzado esta teoría al demostrar que el enamoramiento activa las mismas áreas cerebrales que la adicción a las drogas, como la amígdala y el núcleo accumbens. Pero, al igual que con las sustancias, la exposición continua al mismo estímulo (en este caso, la pareja) lleva a una «tolerancia» en el sistema de recompensa. Así, lo que en un inicio era excitante y nuevo, con el tiempo se convierte en una experiencia rutinaria que hace que el enamoramiento —o la «fiebre romántica»— se desvanezca.

Como ese estado sería imposible de sobrellevar, con el transcurrir del tiempo el amor pasional suele dar lugar al «amor compañero», una fase en la que la relación se estabiliza y se fundamenta en la confianza, la complicidad y el respeto. Para Alberoni, esta es la etapa en la que los miembros de la pareja encuentran un refugio emocional, un espacio seguro donde cada uno puede mostrarse tal como es y compartir sus experiencias sin miedo al rechazo. Ahora la pareja ya no está impulsada por el deseo constante, sino que experimenta una conexión más tranquila y duradera.

El amor compañero se convierte en una alianza basada en la comprensión y en la capacidad de compartir un proyecto de vida en común. Aquí, el vínculo entre los dos individuos es menos turbulento, pero más profundo y la pareja alcanza una conexión que se asemeja más a una amistad íntima. Sin embargo, uno de los problemas que enfrentan muchas parejas es el estancamiento en la rutina. Por eso te hablaré en otro capítulo de la importancia de echar una chispa de pasión, romper la dicotomía rígida de Alberoni e inventar una especie de amor *pasionalcompañero*. «Todo es veneno, depende de la dosis», afirmó Paracelso de forma certera. Por tanto, el amor nutritivo es aquel que mezcla continuamente la cantidad justa de pasión y de compañerismo.

Jugar con fuego y no quemarse

En un famoso experimento realizado por el psicólogo Arthur Aron en 1997 se demostró que la introducción de actividades novedosas y emocionantes en la vida en pareja ayudaba a reavivar el sentimiento de conexión y atracción. Aron pidió a parejas que realizaran actividades inusuales juntos: responder treinta y seis preguntas de creciente intimidad, mantener un contacto visual prolongado, compartir experiencias personales cruciales y realizar actividades de sincronización física para fomentar una conexión rápida y profunda. Y encontró que estas experimentaban un aumento en la satisfacción y en el afecto mutuo, similar a las emociones de la etapa pasional. El estudio subraya que el amor compañero puede beneficiarse al incorporar elementos de novedad que rompan con la monotonía y permitan que la relación mantenga una chispa de emoción y frescura.

Aunque la teoría de Alberoni presenta una perspectiva comprensible sobre la evolución de una relación amorosa, su división estricta entre las fases de amor pasional y amor compañero puede limitar la visión del amor como un proceso dinámico. Por eso el amor consciente propone mantener un equilibrio entre la pasión y la razón en cada etapa, con lo que se logra un amor racional durante la fase pasional y una mayor carga emocional en la fase compañera.

Para alcanzar un amor más equilibrado en la fase pasional, es útil aplicar técnicas de atención plena, como, por ejemplo, el mindfulness, la meditación de respiración consciente o el escaneo corporal. En 2016 el psicólogo David Creswell realizó un estudio que demostró que este tipo de prácticas permiten moderar las emociones intensas y tomar decisiones de manera más reflexiva. Así, en lugar de caer en una idealización ciega de la pareja, la persona puede aprender a observar sus emociones y deseos sin dejarse llevar por ellos de forma impulsiva, lo que permite desarrollar una relación más consciente y estable desde el comienzo.

Asimismo, en la fase compañera se pueden introducir elementos que de nuevo despierten la intensidad emocional. El estudio de Barbara Fredrickson sobre los «micromomentos de conexión positiva» (2008) demostró que los gestos cotidianos de afecto y gratitud aumentan de manera significativa la satisfacción en la pareja. No es necesario que sean grandes gestos; basta con compartir una risa o dedicar unos minutos a escuchar sinceramente al otro. Estos «micromomentos» ayudan a mantener viva la conexión emocional en la pareja y evitan que el amor compañero se vuelva distante o en exceso rutinario.

Una cita que refleja esta visión más equilibrada proviene del poeta Rainer Maria Rilke, quien en *Cartas a un joven poeta* escribe: «El amor consiste en que dos soledades se protejan, se limiten y se saludan mutuamente». Esta frase captura la esencia de una relación en la que los dos integrantes de la pareja pueden preservar su individualidad y, al mismo tiempo, nutrir una conexión profunda y respetuosa y mantener un equilibrio entre la independencia y la intimidad.

El amor sano no se define solo por la intensidad o la calma, sino por la capacidad de adaptarse y evolucionar en cada fase. Si atendemos al amor de forma equilibrada, con conciencia y apertura, lograremos una relación que no solo nos transforme, sino que también nos sostenga. Un amor verdaderamente saludable es aquel que combina deseo y apoyo, comunicación y sexualidad, atracción y amistad, siendo a la vez revolucionario y apacible en todo momento.

7

El final de la libido

Me cuesta tanto olvidarte

En el año 123 de nuestra era el emperador Adriano conoció al joven Antínoo. Durante un breve periodo de tiempo estas dos personas, de edad, estatus social y nivel cultural diferentes, protagonizaron uno de los romances más famosos que han existido. El final de la historia fue trágico y misterioso. Antínoo murió ahogado en el Nilo y las causas reales de su muerte nunca se han desentrañado. Lo que sí cuentan las crónicas es que Adriano vivió desolado y recordándole el resto de sus días. Dicen que llegó a divinizar a su joven amante. Fundó una ciudad a la que llamó Antinoópolis, ordenó que se celebraran en ella, todos los años, competiciones para honrar al joven dios y erigió cientos de estatuas de Antínoo.

Mil años después, Abelardo y Eloísa viven una historia de amor más allá de lo carnal en la que se entremezclan filosofía, teología y rebeldía social. Pedro Abelardo, un célebre filósofo y teólogo de brillante inteligencia y elocuencia, conoció a Eloísa, una joven de espíritu libre y notablemente culta para su época. La atracción entre ambos fue inmediata y poderosa. Su amor desafió las normas de la época, y vivieron una pasión arrolladora que incluso los llevó a tener un hijo en secreto, al que llamaron Astrolabio. Cuando su relación se descubrió, sus caminos tuvieron que separarse: Abelardo se hizo monje, y Eloísa, abadesa. Pese a la separación, su vínculo perduró. A través de cartas llenas de nostalgia, filosofía y profunda devoción, ambos continuaron su amor a distancia. Su correspondencia ha quedado como testimonio de un amor imposible que, por encima del dolor y la pérdida, se convirtió en una unión espiritual inquebrantable y eterna. La leyenda cuenta que cuando murió, Eloísa pidió ser enterrada junto a su amado y que, al abrir la tumba, este abrió los brazos para recibirla.

Pasan otros mil años y llegamos al mundo actual. Hoy en día, los amores con final trágico que convierte el delirio amoroso en epifanía trascendente parecen estar en decadencia. Un ejemplo: la historia de Kurt Cobain y Courtney Love, una de las últimas parejas candidatas a esa narrativa romántica, acabó degenerando, después del suicidio del primero, en la típica historia cutre de revistas del corazón, en la que todo el mundo vende exclusivas cotilleando sobre famosos a los que apenas conocieron.

Hasta hace poco tiempo, dos factores contribuían a cimentar esa idea del amor eterno y la imposibilidad de hacer duelos, tan presente en el relato del amor melodramático. En primer lugar, las hormonas: como te he contado en otros capítulos, estas sustancias han sido seleccionadas a lo largo de la evolución para que cuidemos a nuestra prole. Somos descendientes de aquellos que siguieron con su relación de pareja, aunque se llevaran fatal, porque en épocas duras la estrategia ganadora es juntar fuerzas para sacar adelante a los hijos. Continuar unidos es mejor cuando fuera hace frío: un refrán de pastores dice que «nadie quiere estar fuera del rebaño cuando viene el lobo». Y así ha sido durante miles de años para el ser humano: no merecía la pena apartarse del calor de la familia por problemas de comunicación, diferencias en cuanto al proyecto común o incompatibilidad de caracteres si fuera hacía frío. Por eso carecemos de mecanismos biológicos que se activen para el duelo, solo entrañas que nos piden mantener siempre la esperanza, aunque sea completamente infundada.

Por otra parte, toda la narrativa del amor romántico convierte en una tragedia el final de una relación. Werther en *Las inquietudes del joven Werther*, Julien Sorel en *Rojo y negro* o Larra en la vida real son imágenes icónicas que impregnan el imaginario colectivo y nos hacen creer que terminar un idilio, aunque no satisfaga, es una tragedia vital. Hay un fenómeno que como terapeuta me llama la atención y que muestra el impacto de esta forma irracional de ver el mundo: nos sigue entristeciendo enterarnos de la ruptura de una pareja de amigos o familiares, aunque debería ser una estupenda noticia por la liberación que supone para los dos implicados.

Curiosamente, a esos dos factores que cimentaban el concepto de amor romántico del amor para siempre se les ha unido un tercero del todo actual: las nuevas tecnologías. Internet ha cambiado de manera radical el proceso del duelo. Por una parte, ciertas personas sienten que vivimos en un tiempo en el que es más difícil que nunca romper con alguien. En otras épocas, superar las etapas del duelo cuando la posibilidad de tener contacto con nuestro ex seguía ahí ya era muy complicado. Rompíamos fotografías, borrábamos sus teléfonos, quemábamos sus cartas… Pero hoy en día la cuestión se ha convertido en una lucha casi imposible. Las redes sociales han exacerbado el problema del amor tóxico al proporcionarnos una ventana constante a la vida de nuestros ex. Nos obsesionamos con quiénes están saliendo ahora, qué están haciendo, y, lo peor de todo, si parecen más felices sin nosotros. Este comportamiento no solo es emocionalmente perjudicial, sino que también perpetúa la adicción al amor tóxico. Cada vez que miramos sus fotos o leemos sus actualizaciones estamos reforzando la conexión emocional y haciendo que sea aún más difícil romper de manera definitiva. De hecho, el duelo digital se ha convertido en un tema tan importante que incluso hay empresas que se dedican a ello, compañías a las que uno puede pagar para eliminar toda posibilidad de dar con una imagen o un texto de esa persona que nos haga volver a evocar su recuerdo.

Además, en muchos casos hemos difundido nuestra relación a través de internet. Y eso hace todo más difícil.

Antes, solo algún amigo que no sabía nada cometía un desliz y nos preguntaba por la pareja con la que habíamos roto, lo que dificultaba el proceso de olvido. Hoy en día, cientos de personas a las que solo conocemos en el mundo online pueden preguntarnos por nuestra ruptura. Es como tratar de curar una herida mientras no paras de rascarte. ¿Cómo podemos dejar ir a alguien cuando su vida se despliega ante nuestros ojos con cada desplazamiento de pantalla?

Por otra parte, surge el fenómeno del *ghosting*: las relaciones se desvanecen en muchas ocasiones sin que se haya producido una ruptura clara. La otra persona desaparece como si fuera un *ghost*, un fantasma. En la actualidad, muchas parejas se inician y mantienen a partir de aplicaciones tipo Tinder o webs de citas, que facilitan la posibilidad de esfumarse sin que la otra persona tenga una explicación. Por esa razón, cada vez son más quienes que se encuentran con que la persona con la que están saliendo suspende poco a poco las comunicaciones. Notan que pone excusas para quedar, que los wasaps y los emails tardan cada vez más en ser respondidos o que ya no toma la iniciativa. Así hasta que llega un momento en que la víctima del *ghosting* asume que ya no está en una relación, pero nunca ha habido una ruptura oficial.

Si preguntamos a la persona que ha desaparecido, dirá que el desvanecimiento es una táctica para no herir sentimientos. Pero en realidad esta estrategia produce más daño: es muy difícil asumir un duelo por una ruptura sin explicación. El dolor del desamor es más llevadero cuando se conoce la causa. Y, además, es muy difícil hacer el duelo cuando no estamos seguros de que realmente todo ha terminado. Por eso es tan importante encontrar los cadáveres de las personas desaparecidas: el duelo consiste en matar la esperanza.

Un estudio realizado por la Universidad Brunel de Londres encontró que el *stalking* en línea de exparejas es una práctica común y que esta conducta está asociada con niveles más altos de ansiedad, celos y depresión. El estudio también reveló que aquellos que siguen a sus ex en las redes sociales tienen más probabilidades de experimentar dificultades para superar la relación y seguir adelante.

Otra investigación que resalta el efecto negativo de las redes sociales en la recuperación emocional fue publicada en *Cyberpsychology, Behavior, and Social Networking*. Los investigadores concluyeron que el uso intensivo de redes sociales después de una ruptura puede retrasar la recuperación emocional y aumentar el riesgo de conductas obsesivas. Las redes sociales, al crear una ilusión de conexión continua, entorpecen la separación emocional, necesaria para la curación.

El principio del final

El amor del siglo XXI necesita cambiar ese concepto de vínculo eterno y aprender a dejar atrás. Hay una razón social que nos ha llevado, indirectamente, a la necesidad de aprender a hacer duelos: la mejora de las condiciones higiénico-sanitarias. Como comentamos en un capítulo anterior, hasta principios del siglo XX la esperanza de vida no llegaba a los cuarenta años. La mayoría de las personas vivían una sola historia de amor a lo largo de sus días. Y era una relación que casi siempre terminaba con la muerte de uno de los cónyuges. No existió, durante miles de años, una separación entre el desconsuelo por el final de una relación y la aflicción por el fallecimiento de la otra persona: los dos procesos se producían al mismo tiempo.

Sin embargo, hoy en día, en Europa, la esperanza de vida está en torno a los ochenta años. Lo previsible es que una persona tenga que afrontar, al menos, dos o tres rupturas sentimentales. Aprender a pasar el duelo se ha convertido en una aptitud esencial en el ser humano. No tiene sentido tirar décadas de nuestra vida (que, hay que recordar, es la única que tenemos) por no aprender a cortar nuestras relaciones cuando estas se han acabado.

La sociedad, como hemos dicho antes, nos anima a utilizar metáforas del amor romántico del tipo de «sin ti me muero». Aunque existen ya bastantes libros que afrontan el tema de forma sana, el imaginario colectivo y la cultura audiovisual siguen inundados de victimismo y autocompasión, algo que no ayuda en absoluto a afrontar los duelos amorosos.

Contra esta narrativa tóxica se empiezan a rebelar muchos estudiosos del tema. Un ejemplo es la psicoanalista Judith Viorst. En su libro *Pérdidas necesarias* nos recuerda que la renuncia a ilusiones, dependencias y amores es parte de nuestro desarrollo. Las crisis vitales producidas por esos duelos, según esta escritora, son necesarias. En estos momentos es cuando más abiertos estamos al aprendizaje: sobre los demás, sobre nosotros mismos, sobre el amor… Y eso es lo que, a la larga, nos hará felices.

Afrontar la pérdida de una pareja supone renunciar a los ideales estereotipados acerca de estos vínculos que adquirimos en nuestra juventud. Si no aprendemos a librarnos de ellos, no sabremos apreciar nunca cuál es el verdadero valor de estas relaciones. Por eso, según Viorst, aprender a concebir la ruptura como algo normal es liberador. Si no somos capaces de plantearnos nuestras relaciones como algo que puede acabar cuando no funcionan, no nos sentiremos libres para decidir si merece la pena seguir adelante con nuestra vida sentimental. No debemos dejar que el miedo al sufrimiento por una ruptura paralice nuestra motivación amorosa.

Pasando página

El primer paso para aprender a dejar de amar es saber cómo funciona el proceso. El desconsuelo emocional que sigue al final de una relación pasa por las mismas fases que el duelo por el fallecimiento de un ser querido porque nuestro hardware biológico no está todavía preparado para hacer de la ruptura un proceso diferente al de la muerte.

Existe, por ejemplo, una fase de negación, en la que intentamos eludir la pérdida inexorable. En esta etapa son habituales el estado de shock, la insensibilidad y la estupefacción, pero también las «salidas hacia adelante»: se sigue con la vida alegremente como si nada hubiera pasado. Estas reacciones responden a un mecanismo de protección ante la amenaza de un dolor psíquico que la persona prevé, de forma errónea, como intolerable. Es un escape natural y temporal, que amortigua el impacto inmediato y ayuda a ir asimilando la realidad. Es la etapa en la que todavía se habla en tiempo presente de la relación, pero se sufre. Como nos recordaba García Márquez, «la peor forma de extrañar a alguien es estar sentado a su lado y saber que nunca lo podrás tener».

Otro de los pasos que damos para superar el duelo amoroso (hay que recordar que no tienen por qué seguir este orden) es el de la ira. En muchos casos, esta se activa cuando se recibe información nueva sobre el final de la relación que desencadena la rabia contra la otra persona. En esta fase aparecen sentimientos de indignación, sensación de estafa emocional. Las cuestiones que han llevado a la ruptura de la pareja se manifiestan como dramáticas y es habitual el enfado porque la otra persona no haya sido capaz de cambiarlas. También la elaboración de «venganzas imaginarias» que sirven para canalizar esa ira.

Hay, también, una etapa de depresión. En ella no solo nos lamentamos por las pérdidas pasadas, sino también por las futuras. En esta fase se piensa mucho en todos los planes que se han deshecho, en todas las metas que se han venido abajo. Por eso es habitual pensar que el resto de las personas no entiende la magnitud de lo que está pasando. La desesperanza hace que algunas se resistan a volver a la vida habitual: se ven sin fuerzas, débiles e incapaces de afrontar nuevas decisiones porque sienten que el final del amor es el final de su futuro. A veces, de hecho, la única manifestación de esta fase son los síntomas físicos: problemas de estómago, dolor de cabeza, mareos, etcétera.

Poco a poco entramos en una fase de negociación. El doliente afronta la realidad y establece un pacto con el mundo: se pierde la esperanza de que la relación continúe. En esta etapa el dolor pasa a ser algo privado, que no se manifiesta delante de los demás. Además, deja de ocupar los pensamientos en todo momento para convertirse en un aguijonazo puntual, que ocurre cada cierto tiempo.

Por último, entramos en la fase de aceptación. Gradualmente se va abriendo paso la esperanza de seguir siendo felices sin la otra persona. Se recupera la autoestima y las pequeñas cosas que hacen que volvamos a encontrarnos con nuestro sentido vital. Las nubes se van despejando y los pequeños baches ya solo coinciden con fechas clave o aniversarios.

Saber que vamos a vivir esas fases es esencial porque nos recuerda que todo lo que experimentamos durante el duelo son sensaciones transitorias. Pasarán, porque nuestra bioquímica ha ido seleccionándose, durante millones de años de evolución, para que el olvide llegue. Pero es cierto que hay obstáculos psicológicos que enlentecen el proceso y que es conveniente que conozcamos. Si luchamos contra ellos, ahorraremos tiempo, energía y sufrimiento.

Mirar debajo de la alfombra

En la película *Closer,* Anna, una de las protagonistas, le dice a Larry, el hombre con el que vive, que quiere dejar la relación. Él no se conforma con la versión blanda que ella le da sobre las razones para abandonarle («Me he enamorado de Dan») y la somete a un tercer grado psicológico para conseguir averiguar cuántas veces se han acostado y dónde. Larry averigua hasta los detalles más escabrosos y dolorosos..., y, cuando recopila todo, se marcha agradeciéndole a Anna habérselos dado. Ahora sabe lo más sucio de la persona a la que quiere olvidar, ahora puede comenzar el duelo...

En la vida real, sin embargo, pocas veces sabemos toda la verdad cuando una relación se acaba. Por salvaguardar su imagen, la otra persona nos oculta, en muchas ocasiones, cuáles han sido los motivos reales para la ruptura. A cambio nos regala una serie de tópicos («Me aburro contigo», «No estuviste a la altura de las circunstancias en ciertas situaciones», «No me motivas sexualmente», «Te has abandonado y ya no siento lo mismo que al principio», «No prestas atención a mis cosas»...) que dificultan las fases de ira, negociación y aceptación. Es muy poco habitual saber la verdad oculta: las frases anteriores, por ejemplo, son clichés utilizados por individuos que nos han dejado porque se han enamorado de otra persona, por homosexuales que han intentado tener una pareja heterosexual y por personas que atraviesan un problema de salud mental que les hace incapaces de amar..., pero eso es algo que casi nunca averiguaremos.

«Solo la verdad os hará libres», se dice en los Evangelios. En pocas ocasiones eso es tan cierto como en los duelos amorosos. Pero hoy en día es algo difícil de conseguir. Los seres humanos, que no solemos ser valientes para dar el primer beso, somos aún más cobardes a la hora de dar el último, un momento mucho más complicado.

Otro de los obstáculos para el duelo amoroso es nuestro ego. A veces nos alejamos de ciertas personas dando pasos hacia atrás para continuar mirándolas porque seguimos a vueltas con los fallos de ese individuo. Nos negamos a aceptar la imposibilidad del cambio porque nos cuesta asumir que fuimos nosotros los que cometimos un error al elegir a esa persona. Para cualquier autoestima es duro reponerse de una equivocación que nos ha costado años de sufrimiento. Para las personas narcisistas ese es, de hecho, el principal problema para superar un duelo.

Afrontar una ruptura pone en juego nuestra resiliencia, nuestra capacidad de reponernos de los golpes de la vida y seguir adelante. Los estudiosos de este tema recopilan una serie de factores que deciden que tardemos más o menos en superar las adversidades del tipo de un duelo amoroso. Es importante trabajarlos para que el sufrimiento no se enquiste.

La sensación de control sobre los acontecimientos es uno de ellos. Empezamos a superar un revés amoroso cuando hacemos cosas para luchar contra la tristeza, cuando volvemos a coger las riendas de nuestra vida y no nos dejamos llevar por nuestro estado de ánimo momentáneo. Planificar nuestra cotidianeidad y tratar de mantener los planes aunque nos invada la nostalgia es una buena táctica.

El sentido del compromiso es también decisivo. Se superan con menos dolor estas aflicciones cuando nos coinciden en un periodo en el que estamos implicados en metas personales que no tienen nada que ver con nuestro momento de pareja.

Es esencial también encontrar un sentido vital que explique ese desamor como parte de una historia personal. Importa asimismo la apertura al cambio: llevamos mejor el duelo en las épocas en que asumimos los cambios como algo normal en nuestras vidas. La rigidez («Sin esta persona mi vida no tiene sentido») es muy poco adaptativa..., aparte de ser mentira. En el mundo actual ninguna persona es necesaria para cumplir nuestros objetivos vitales y ser feliz. Las rupturas ya no constituyen una amenaza, sino una constante oportunidad de crecimiento y de mejora.

Y, por último, hay que cultivar la búsqueda de apoyo emocional. No sirve cualquiera: necesitamos personas optimizadoras, que saquen a la luz nuestros mejores recursos. La dificultad, muchas veces, estriba en que quien mejor nos apoyaría es, justamente, quien queremos olvidar. Es mejor buscar a otras, no hay que caer en la tentación. Porque es imposible hacer un duelo apoyándonos en la persona que deseamos borrar de nuestras vidas. Cuando no se nos quiere como nosotros queremos que se nos quiera, hay que decir adiós. En el tema amoroso urge saber restar para luego poder volver a sumar.

Contacto cero

Mi herramienta terapéutica fundamental para romper el ciclo del amor adictivo es el contacto cero, simple en teoría, pero sorprendentemente difícil en la práctica. La premisa básica es cortar toda comunicación con la persona con la que has estado en una relación tóxica: sin llamadas, sin mensajes, sin «me gusta» en sus publicaciones en Instagram, sin enterarnos de su vida a través de terceros, etcétera. Se trata de no verle, no olerle y no oír nada sobre ese individuo.

Debe morir para nosotros durante un tiempo largo (al menos tres meses), porque nuestro hardware biológico solo está preparado para hacer el duelo por el fallecimiento de la otra persona: hasta tiempos recientes, esa era la única razón para que se acabara una pareja. Es como dejar de fumar, pero en lugar de nicotina estás renunciando a las migajas emocionales que nos mantienen enganchados.

El contacto cero funciona porque elimina los desencadenantes que alimentan la adicción emocional. Cuando seguimos en contacto con una persona que nos ha causado dolor, mantenemos viva la esperanza de que las cosas cambien, de que, de alguna manera, como si de magia se tratara, la relación se transforme en lo que siempre hemos soñado. De hecho, en terapia, esa sensación es el mayor enemigo de esta estrategia, porque hace que el duelista busque excusas para postergar el contacto cero: los papeles que hay que arreglar, el bar al que íbamos juntos y al que no queremos renunciar, las cosas que tiene en nuestra casa y tarda en recoger... Cuando trabajo en consulta la supuesta imposibilidad logística de cortar la relación de raíz, me encuentro siempre con que la oxitocina está jugando una mala pasada porque mantiene esperanzas ilusas, y ver a la otra persona es una forma de esperar el cambio mágico.

El concepto de contacto cero tiene sus raíces en la psicología de la adicción. Estudios sobre el comportamiento adictivo, como los realizados por el Instituto Nacional sobre el Abuso de Drogas en Estados Unidos, han demostrado que cortar de manera abrupta y total la fuente de la adicción es una de las formas más efectivas de romper con una dependencia. En el contexto de las relaciones, esto significa que, aunque pueda ser doloroso al principio, el contacto cero es una forma de «desintoxicarse» de una relación que nos ha hecho más daño que bien.

Descolonización emocional

Otro concepto poderoso para salir de una relación tóxica es la descolonización emocional. ¿Qué significa esto? Descolonizarte a nivel emocional implica recuperar el territorio mental y emocional que has cedido a otro. Todos sabemos que, en una relación tóxica, es común que nos perdamos a nosotros mismos en el proceso de intentar complacer o salvar a la otra persona. Pero en realidad es algo que sucede en cualquier tipo de vínculo: el amor implica, por necesidad, construir un «nosotros» que quita espacio al «yo» de cada uno. Mientras la relación sea nutritiva, merece la pena crear ese espacio común porque también alimenta el crecimiento personal. Pero cuando deja de serlo, el yo debe volver a ocupar el territorio cedido temporalmente. El amor romántico insistía en la necesidad de mantener esa esfera vital en manos del otro: una gran cantidad de narrativa melodramática está dedicada a las penas «infinitas» del desamor. Descolonizarnos significa liberarnos de una vez por todas, retomar las riendas de nuestra vida, reclamar nuestra autonomía, nuestros deseos y nuestras necesidades, y dejar de depender en lo emocional.

La descolonización emocional tiene sus raíces en los movimientos políticos, cuando los países y pueblos que habían sido colonizados por potencias extranjeras lucharon por recuperar su soberanía. De manera similar, en una relación tóxica podemos sentirnos como si hubiéramos perdido nuestra soberanía emocional al permitir que otra persona controle nuestros pensamientos, sentimientos y comportamientos. Descolonizarte es un acto de resistencia y liberación para recuperar tu poder personal.

¿En qué se traduce esa estrategia? Por una parte, a nivel mental, implica cortar los lazos que nos mantienen atrapados en patrones de dependencia. Esto podría significar dejar de idealizar a nuestro ex, de justificar su comportamiento o de buscar su aprobación. Es un proceso de reconectar con uno mismo, redescubrir quiénes somos y qué queremos, sin la influencia de quien nos ha causado tanto dolor.

En esta desvinculación es importante recordar (yo lo hago siempre en terapia) que el diablo está en los detalles. Caemos en la trampa del amor romántico, que nos pide seguir sufriendo inútilmente por un vínculo sin futuro, por pequeñas particularidades cotidianas. Recuerdos puntuales (oler el perfume de la persona que quisimos o escuchar en boca de otros su frase cliché) pueden disparar nuestra bioquímica e inundarnos otra vez de tristeza. Dependemos, en gran parte, de nuestra suerte para no tropezar con esos aguijones inconscientes. Sin embargo, conservamos cierto grado de control sobre algunos estímulos puntuales. Te dejo algunas ideas para descolonizar nuestro paisaje emocional:

– Cambiar el look. Cuando cambiamos nuestro aspecto físico, los demás empiezan a tratarnos como a una persona nueva. Es más difícil que nos pregunten por el pasado y más habitual que nos hablen de planes futuros. Por eso es tan liberador cortarse el pelo como no solemos hacer, cambiar la forma de vestir o hacerse (o quitarse) un tatuaje. No solo somos nosotros los que debemos dejar ir a la persona que hemos querido, también quienes nos rodean deben permitir su marcha. Y el mejor acicate que pueden encontrarse es ver que nosotros ya no somos los mismos.

– Estresarse. El amor es de los que piensan en él, así que, cuando dejamos de atender a ese sentimiento, deja de existir. Los estímulos disparadores inconscientes solo pueden tocarnos emocionalmente si los llegamos a ver. Focalizarnos en un determinado proyecto nos permite ignorar todo aquello que no tenga nada que ver con esa meta, incluyendo los posibles aguijonazos que convocarían nuestros recuerdos.

– Desaprender pequeños hábitos. La red amorosa está trenzada por automatismos (la elección de una película o una serie, las horas en las que hacemos deporte, los ritmos de comida y de sueño…) que nos unen a la otra persona. Cuando tratamos de abandonarlos, vemos que no es tan fácil. Pero es esencial seguir intentándolo hasta olvidarlos.

– Reírse. Es clave quitar dramatismo a la situación: lo que vivimos durante un duelo amoroso son reacciones normales ante una circunstancia normal. El sentido del humor ayuda a ver que somos muy semejantes al resto y que nuestro duelo es —al igual que la gripe— una enfermedad leve que se cura con el tiempo.

- Ser siempre honestos. En los duelos se pone en juego la capacidad de preguntarse a sí mismo y darse una respuesta honesta. Es el momento de conocer nuestros puntos débiles y trabajarlos con sinceridad. Que lo consigamos o no depende de nuestra honestidad a la hora de hablar con nosotros mismos. Las «pequeñas mentiras» son muy dañinas en este proceso, por tanto, es importante acabar con ellas.
- Buscar estilos musicales nuevos. La música es, quizá, el mayor impulso emocional en nuestra época. Asociamos determinadas canciones a las personas que hemos querido o a los eventos que hemos vivido con ellas. Por eso es tan eficaz descubrir, durante el proceso de duelo, nuevas expresiones melódicas. Aficionarse a un estilo nuevo (jazz, música étnica, ópera…) recoloca nuestros recuerdos y ayuda a que nuestras emociones dejen de estar asociadas a una determinada persona del pasado. Si, además, esas canciones transmiten fuerza para abandonar una relación, mucho mejor. La música romántica está creada para prolongar el duelo, así que intenta engancharte a otros ritmos. Más *Flowers* y menos *Drivers License*.

Amor versus obsesión

¿Por qué es importante cultivar todas estas técnicas de duelo, como el contacto cero o la descolonización? Ante todo, porque eso rompe con la trampa principal del amor romántico: convertir este sentimiento en una obsesión. La pervivencia cultural de la mitificación del amor obsesivo, los intentos de usarlo como atenuante judicial o la inesperada prevalencia del delirio amoroso demuestran que confundir amor sano y obsesión amorosa es más fácil de lo que pensamos. La causa que los científicos encuentran para esta dificultad de etiquetado es que la búsqueda romántica se mueve, en realidad, en un continuo. Colleen Sinclair, profesora de Psicología en la Universidad Estatal de Mississippi, es una de las científicas que mantiene esa hipótesis. Según Sinclair, en uno de los polos del continuo estarían las iniciativas habituales de cortejo: buscamos llamar la atención de la otra persona, aunque todavía no estemos seguros de ser correspondidos. En el otro extremo se situarían las conductas que hoy entendemos como acoso, en las cuales intentamos imponer nuestro amor sin tener en cuenta la opinión del otro. Como cualquier continuo, la forma de decidir si estamos a un lado o al otro es la cantidad. Lo que debe ponernos sobre aviso es la frecuencia de los wasaps, la intensidad con la que nos interesamos por la vida del otro cuando no está con nosotros o incluso el volumen de nuestras atenciones (¿una docena de rosas en ciertas ocasiones especiales o flores a todas horas que llenan habitaciones?).

Psicológicamente, la confusión es también muy plausible. Aceptamos como normal el hecho de que la mayoría de los problemas vitales de las personas que tenemos a nuestro alrededor están causados por el amor pasional. A menudo oímos hablar de personas obsesionadas con su historia de amor que descuidan el resto de los aspectos de la vida, como la amistad, el trabajo, la familia o la salud. Y ninguno de esos síntomas, psicológicos o físicos, desaparecen con facilidad por el rechazo del otro. Los enfermos de amor que no pueden comer ni dormir siguen siendo legión y muchos van tan lejos como para acosar y acechar al amante que los rechazó. Da la impresión de que hay un pasado evolutivo que los seres humanos tenemos aún que trabajar para que nuestros amores no se conviertan en obsesivos.

El psicólogo Glenn Geher, de la Universidad Estatal de Nueva York, es uno de los investigadores que tratan de ofrecer explicaciones científicas para esta facilidad del amor para degenerar en comportamiento tóxico. Geher argumenta que, desde un punto de vista evolutivo, el rechazo nos lleva a la insistencia porque durante muchas épocas de la historia de la humanidad perder una relación aumentaba las probabilidades de quedar fuera del apareamiento, un callejón sin salida evolutivo. Las demostraciones de tiempo, atención y energía que hacen los «adictos al amor», que ahora nos parecen ridículas, en otra época fueron adaptativas. Los competidores en la carrera del apareamiento podían rendirse ante un rival dispuesto a sacrificarlo todo aunque en principio fueran ganando.

Para no caer en esta trampa de las hormonas es fundamental distinguir el sentimiento sano de la adicción obsesiva. Un síntoma de lo segundo, por ejemplo, es que sabemos que la relación está resultándonos tóxica, pero el miedo a la soledad nos impide abandonarla. Otra variable a tener en cuenta es la forma en que la relación afecta a nuestra autoestima. Si queremos a alguien y sentimos que podemos escoger entre esa persona y otras alternativas de vida, nos sentimos orgullosos de nuestro amor. Presumimos de él, no lo ocultamos. Creemos que nuestra pareja extrae lo mejor de nosotros mismos y por eso no sentimos que haya poca distancia entre lo que nos dicta el cerebro y lo que nos dice el corazón. Cuando intuimos que amamos con libertad, nuestras emociones y nuestra mente caminan juntas hacia la otra persona. Y entonces tenemos clara la salud de nuestra relación.

Sin embargo, cuando nos sentimos adictos a alguien, nos avergonzamos de esa dependencia. Intentamos continuamente escapar de la ligazón que nos une a la otra persona y ocultarnos la relación a nosotros mismos y a los demás. Sabemos que nuestra necesidad del otro extrae lo peor de nosotros mismos, nuestro lado más oscuro. Aun así, nos sentimos incapaces de abandonar al compañero. El corazón y el cerebro están separados: la mente sabe sin ningún género de duda que la historia no merece la pena y acabará tarde o temprano. Pero, de momento, el corazón nos pide buscar a nuestro ser amado porque siente miedo a la sensación de aislamiento que seguiría a la pérdida.

Otro de los factores que causan la obsesión es el ego excesivo. El psicólogo forense J. Reid Meloy, uno de los grandes expertos en la figura del acosador, nos recuerda que el gran problema de estos obsesos amorosos es su narcisismo desmedido. Son individuos que sienten que tienen derecho a perseguir a la persona que los rechaza porque se ven a sí mismos como seres superiores. La persona obsesionada evita el duro trabajo interno de renuncia y frustración que supone el duelo y se concentra en una fantasía idealista.

El amor consciente evita esa obsesión característica de la narrativa romántica. Porque sabe que para construir una relación nutritiva es necesario desengancharse antes de todos los amores desafortunados que uno haya vivido, aunque la narrativa romántica le presione para seguir sufriendo por aquellos vínculos que rompió.

8

El cultivo del amor consciente

Cada loco con su tema

La de la actriz Emma Stone y el comediante Dave McCary es una relación a distancia durante largos periodos debido a sus carreras en la industria del entretenimiento. Emma y Dave pasan meses alejados en proyectos en distintas ubicaciones. A pesar de ello, se muestran comprometidos a fortalecer su relación, aprovechando la tecnología para mantenerse en contacto constante y hacer visitas cuando sus agendas lo permiten. Han compartido entrevistas en las que explican cómo el tiempo que pasan separados ha consolidado su conexión emocional, valorando cada momento que disfrutan juntos sin la presión de una convivencia diaria.

Por su parte, Bella Thorne, actriz y cantante, es una famosa defensora del poliamor y lo practicó con el cantante italiano Benjamin Mascolo. Cuando eran pareja, ambos mantuvieron una relación abierta, en la que Bella incluso tuvo otras parejas y explicó públicamente cómo funciona la dinámica poliamorosa en su vida. La relación poliamorosa les permitió explorar la conexión emocional y física con otros sin sentir que eso comprometía su vínculo principal, valorando la comunicación abierta y el respeto mutuo como base de esta forma de relación.

El director y actor Bradley Cooper y la modelo Irina Shayk, aunque ya no son pareja, hacen gala de una relación sólida como copadres de su hija, Lea. Desde su separación, ambos se han centrado en criar a la niña en un ambiente estable y cariñoso. Han sido vistos juntos en vacaciones y actividades familiares, mostrando cómo el compromiso compartido puede conservarse sin una relación romántica. Este tipo de vínculo se centra en la responsabilidad y el amor hacia su hija, mientras cocrían a su hija en una estructura no tradicional en la que respetan sus necesidades.

Gwyneth Paltrow y su esposo Brad Falchuk han implementado una convivencia «flexible» en su relación. Durante los primeros años de su matrimonio optaron por vivir juntos solo parte de la semana; el resto lo pasaba cada uno en su casa. Este acuerdo les permitió equilibrar su vida personal y la crianza de los hijos que tuvieron en relaciones anteriores. Esta relación muestra cómo las parejas pueden definir su propia estructura de convivencia sin seguir la norma tradicional de vivir juntos a tiempo completo, ajustándose a sus necesidades.

El caso de Cynthia Nixon, actriz conocida por su papel de Miranda en *Sex and the City*, y su esposa Christine Marinoni es justo lo contrario. Su convivencia es intensa, porque el hijo biológico de Marinoni y los dos hijos de una relación anterior de Nixon viven con ellas. Cynthia es, además, una activista LGBTQ+ muy enérgica, defensora de la educación inclusiva, que usa su visibilidad para promover la igualdad de derechos.

Por último, las actrices Sarah Paulson y Holland Taylor han hablado de su relación de una manera que algunos consideran «platónica». A pesar de ser pareja en términos amorosos, ambas valoran la conexión emocional y la amistad profunda que las une por encima de la relación tradicional de pareja. Este vínculo está marcado por el apoyo mutuo, los intereses compartidos y una admiración genuina, más allá de la intimidad romántica. Su vínculo ejemplifica cómo una relación de pareja también puede basarse en la amistad y la complicidad, sin enfocarse exclusivamente en la dimensión romántica.

Hay una definición jocosa de pareja que me encanta: dice que es la unión de dos personas que se juntan para resolver problemas que no tendrían si no estuvieran juntas. En realidad, eso es lo que ocurre: la vida es más sencilla siendo single, y la única razón para complicársela es que la pareja nos aporte algo más. Pero, en el mundo actual, ese plus que no puede dar la libido que surge en una relación tiene que ser diferente para cada persona porque, en las culturas individualistas, cada persona es un mundo.

En las sociedades colectivistas no era así, porque la presión de los demás llevaba a los seres humanos a vivir vidas parecidas y pedir lo mismo a los vínculos amorosos. En los años sesenta, el antropólogo Edmund Leach se dio cuenta de que, en casi todas las sociedades que él había estudiado, el matrimonio servía para los mismos fines. Tenía como objetivo, por ejemplo, establecer quiénes eran los padres legales de los hijos y crear un fondo común de propiedad para ellos. También era útil porque dotaba a los miembros de la pareja del control sobre los servicios sexuales, la fuerza de trabajo y las propiedades de la otra persona.

En efecto, se trataba de culturas colectivistas en las que las personas eran leales a su grupo, nunca decepcionaban las expectativas que este tiene y, por lo tanto, acababan llevando vidas muy parecidas en las que las necesidades son prácticamente las mismas. Además, la presión social hacía que los matrimonios duraran porque uno de los dos «contendientes» aguantaba todo y las dos personas querían mantener el vínculo como fuera, porque «así debía de ser».

Según señalan antropólogos como Marvin Harris, nuestra sociedad se hace cada vez más individualista. Actuamos en función de nuestro propio yo y consideramos que es más importante que las circunstancias. No necesitamos acomodarnos a lo que los demás esperan de nosotros y tener pareja no significa perderse dentro de ella. Las obligaciones definidas por Leach en cuanto a hijos, sexualidad o condiciones materiales ya no son relevantes para todo el mundo. Lo dice un proverbio escocés: «Ya no merece la pena casarse por dinero, porque se pueden conseguir préstamos más baratos». Hoy en día, las razones para el compromiso afectivo tienen que ser distintas a las de las sociedades tradicionales y diferentes para cada persona.

La importancia de la diversidad

Poco a poco, muchas personas establecen vínculos afectivos que esquivan la trampa del amor romántico. En vez de seguir el modelo rígido de pareja que nos proponía ese ideal caduco, inventan formatos de unión diferentes, basados en las diferentes necesidades que tenemos los seres humanos. El amor consciente se construye a medida, no parte de un formato rígido, y por eso lleva a la diversidad, una estrategia más adaptativa en el siglo XXI, en la que los objetivos de cada persona son diferentes. La sociedad contemporánea nos presenta una diversidad de modelos de pareja que desafían las concepciones tradicionales del amor. En lugar de limitarse a un solo tipo de relación, hoy las personas exploran distintos formatos que se ajustan mejor a sus deseos, valores y estilos de vida. Este abanico de opciones refleja un cambio fundamental en nuestra manera de entender el amor: ya no se trata de encontrar a una «media naranja» que nos complete, como pedía el amor iluso, sino de construir relaciones que respeten la autonomía y la autenticidad de cada persona.

Desde la revolución darviniana, los científicos tienen muy claro el valor adaptativo de la heterogeneidad. La variabilidad es la materia prima de la evolución, porque lo que es adaptativo en un determinado ambiente puede ser un desastre en otro. Esa necesidad de versatilidad se aplica, por supuesto, al tema de las relaciones amorosas. A fin de cuentas, se trata de la base de nuestra reproducción y la supervivencia de nuestros genes. Cuanto más diferentes seamos en este tema, más probabilidades tendremos de subsistir en circunstancias diferentes. En el siglo XXI habrá relaciones a distancia, platónicas, poliamorosas y de muchos más tipos. Diferirán, pero todas se fundamentarán en esa mezcla de cabeza y corazón que pide el amor sano.

En su obra *Amor líquido*, Zygmunt Bauman señala que las relaciones modernas se caracterizan por su flexibilidad y adaptabilidad. Según este sociólogo, «en un mundo marcado por la incertidumbre, el amor debe fluir y adaptarse a los cambios». Esto no significa que el amor sea efímero o frágil; al contrario, implica que necesita una estructura abierta que permita la evolución individual de cada miembro de la pareja. La idea de Bauman se alinea con el amor consciente, un modelo de relación que evita las trampas de la dependencia emocional y la posesividad, lo que permite que cada persona crezca dentro y fuera de la pareja.

«No me interesa una relación en la que no podamos florecer, no somos hojas de una misma rama, sino raíces de un mismo suelo», escribió el poeta Rainer Maria Rilke. La duración de la pareja depende, en los tiempos modernos, de nuestro bienestar a largo plazo, no de la presión social para mantener el vínculo. En el amor consciente no buscamos relaciones que respondan a presiones externas, sino aquellas que respeten nuestras particularidades y nos alivien de las coacciones de un modelo de amor único e idealizado.

El triángulo del amor

Aunque el formato externo sea diverso, existen rasgos comunes que están presentes en cualquier tipo de vínculo nutritivo. En los años ochenta, el psicólogo Robert Sternberg realizó una extensa investigación para intentar encontrar estos factores que sostienen todas las relaciones sanas. Tras varios años de investigación y análisis teórico de diferentes estudios en psicología social y de relaciones interpersonales, postuló que el amor nutritivo se compone de tres elementos esenciales: intimidad, pasión y compromiso.

En una entrevista, Sternberg relató una anécdota que refleja la motivación detrás de su teoría. Cuando estudiaba en la universidad, observó cómo algunas parejas que tenían un comienzo de flechazo y *love bombing* rápidamente se desmoronaban, sin embargo. Y otras, en apariencia sin esa chispa inicial, lograban construir relaciones sólidas y duraderas. La diferencia, según Sternberg, radicaba en la presencia equilibrada de los tres componentes fundamentales. Así, concluyó que el amor no es una emoción unidimensional, sino una combinación dinámica que requiere esfuerzo consciente y balance.

Conectar sin fundirse

La intimidad, el primer vértice del triángulo de Sternberg, se cultiva a través de variables como la vulnerabilidad, la empatía y la comunicación sincera. En el amor romántico pocas veces aparecía esta sensación de apoyo emocional que proporciona la unión con otra persona. Sin embargo, en las investigaciones de Sternberg, la presencia de este factor es esencial: se relaciona con el deseo de estar con el otro cuando nos necesita, la felicidad de compartir experiencias, la «química intelectual», el sentido del humor que vibra en la misma onda, etcétera. En resumen, se trata de complicidad: el vínculo se mantiene si nos ayuda a revelar detalles íntimos que solo nos apetece contar a nuestra pareja.

Nancy Collins, psicóloga de la Universidad de California-Santa Bárbara, es una de las investigadoras que más a fondo ha tratado esta cuestión. Para ella, esta variable se basa en la sensación de poder hablar de nosotros mismos «sin posar»: lo que nos gusta y nos disgusta, lo que hace que nos sintamos orgullosos y lo que nos avergüenza, lo que nos da miedo y lo que nos atrae... Para conseguir esa autorrevelación completa tenemos que comunicarnos de acuerdo con nuestro estilo, es decir, hablar de estas cuestiones con cinismo, admiración, ira, entusiasmo o ternura, según nos surja. En terapia veo que, además, esta sensación dispara un mecanismo en cadena que renueva la pareja: la autorrevelación fomenta el agrado y el agrado fomenta la autorrevelación.

Arthur Aron investigó el efecto de la intimidad en un experimento que denominó «36 preguntas para enamorarse». Se pedía a dos personas que se hicieran preguntas de carácter personal durante veinte minutos, del tipo: ¿Cuándo fue la última vez que lloraste delante de otra persona?, y que después se miraran a los ojos sin decirse nada. Al final se medía el grado de atracción de esos pares de personas. Resultaba ser mucho mayor que el de otro grupo de voluntarios a los que se había pedido que se hicieran preguntas triviales («¿Qué te parece este sitio?»). La intimidad es una elección y una práctica. Al compartir sueños, miedos y secretos, creamos una atmósfera de apertura que permite una conexión emocional genuina. No se trata de depender del otro, sino de permitirnos ser vulnerables en un espacio seguro y respetuoso.

Sus efectos son impresionantes. Uno de los estudios que más me divierte acerca de ellos fue realizado por científicos de la Universidad de Liverpool. Se llegó a la conclusión de que cuanto más tiempo convive una pareja y acentúa su intimidad, más crecen las similitudes físicas entre sus miembros. El estudio dedujo que el desarrollo de parecidos físicos entre los dos miembros de una pareja podría derivarse del hecho de compartir y sentir numerosas experiencias comunes.

Otro estudio, este de la Universidad de California en Berkeley, exploraba otra dimensión que también entraría en el vértice del triángulo de Sternberg: la gratitud. Los resultados indican que las parejas que la practican experimentan una mayor conexión emocional. La gratitud es, en muchos sentidos, el acto de reconocer al otro en su plenitud, de respetar y valorar sus contribuciones y su presencia sin caer en la posesión. En el amor consciente, la intimidad es el refugio donde ambas personas pueden escuchar, admirar y agradecer al otro sin temor a perderse dentro de la relación.

El fuego que no quema

La pasión, el segundo vértice del triángulo de Sternberg, se refiere a que la otra persona nos atraiga, esté o no esté presente la actividad sexual. Cuando surge, a los integrantes de la pareja les resulta estimulante el solo hecho de ver a la otra persona y esa fuerza se transmite al resto de la vida. Nos hace ver todo más brillante, somos más optimistas y da ímpetu y sentido a nuestros actos. La libido crea una energía que, si se canaliza bien (como se pretende en el amor consciente), nos puede llevar hasta el infinito y más allá.

En el amor sano la pasión va más allá de la atracción física: abarca el entusiasmo compartido, el deseo de ver al otro florecer y la alegría de crear juntos nuevas experiencias. «No quiero que me ames como un río furioso; quiero que seas la corriente suave que me lleve hacia el mar», escribe Pablo Neruda, en un verso que evoca una fuerza serena y estable, alejada de la impulsividad del vínculo romántico. En este último, esta energía visceral se dejaba surgir sin canalizar, y acabábamos convirtiéndonos en esclavos de las hormonas. Por eso gustaban tanto las historias fatalistas, en las que todo va a ir siempre a peor. «El gozo violento tiene un fin violento y muere en su éxtasis como fuego y pólvora que, al unirse, estallan», escribió Shakespeare. Una buena historia de amor romántico debía acabar siempre mal, porque de lo contrario la pasión estaba destinada a extinguirse poco a poco. Goethe expresaba la imposibilidad de su mantenimiento con una frase irónica: «El amor es una cosa ideal; el matrimonio, una cosa real; la confusión de lo real con lo ideal jamás queda impune».

Sin embargo, en el consciente, la pasión se alimenta a través del descubrimiento y la creatividad compartidos, se nutre de los proyectos personales, porque no surge de una posesión excluyente, sino del deseo genuino de ver al otro crecer y expandirse. Estudios en neurociencia muestran que la dopamina, el neurotransmisor del placer, se activa no solo en la atracción inicial, sino también en actividades compartidas que generan entusiasmo y logros en común. Esta energía puede cultivarse incluso después de que la novedad haya desaparecido. Se genera una emoción libre, no coercitiva, que se mantiene viva porque cada persona continúa siendo un misterio para la otra, una fuente constante de inspiración y aprendizaje. La pasión en el amor sano es, en última instancia, la alegría de compartir el viaje sin la necesidad de controlar o dominar al otro.

Buscar juntos el futuro

Lord Byron, uno de los grandes hitos del romanticismo, reflejaba la aversión que tenía este movimiento por el compromiso, la tercera pata del triángulo, con una frase irónica: «Es fácil morir por una mujer; lo difícil es vivir con ella». Sin embargo, en los vínculos equilibrados, esta dimensión es la base que aporta estabilidad y permanencia. Lo más importante es que ese compromiso no surja de la obligación ni de una promesa rígida, sino de una elección que se renueva diariamente. Se trata de que las dos personas tengan proyectos comunes, busquen objetivos similares e imaginen el futuro de forma parecida, mientras, a la vez, mantienen su espacio personal. El mundo común se convierte en un ancla que permite que ambos miembros de la pareja se sientan seguros para explorar y crecer. «El amor no es mirarse el uno al otro, sino mirar juntos en la misma dirección», escribió Antoine de Saint-Exupéry en *El principito*, describiendo una visión de amor que trasciende la mera contemplación. Entrar en el amor consciente es comenzar un viaje compartido a través de aventuras en las que los protagonistas se descubren a sí mismos, sin miedo a perder por eso el vínculo.

Además, el compromiso del amor sano presupone otra variable que en el amor romántico estaba ausente: la equidad. En ese último formato, el sacrificio por amor no solo era necesario, sino incluso deseable. Los héroes románticos se valoraban por su entrega sin medida, sin esperar reciprocidad. Sin embargo, las investigaciones que se hacen en el mundo moderno muestran que la pareja permanece cuando los dos miembros reciben en proporción a lo que dan. El profesor N. W. van Yperen, por ejemplo, encontró en sus investigaciones que este factor se relaciona con dos cuestiones de la vida cotidiana: compartir la toma de decisiones y sentirse libres a la hora de dar y recibir. Cuando las dos personas cumplen esos dos requisitos, aumenta la probabilidad de que la pareja sea duradera. «No es la falta de amor, sino la falta de amistad lo que hace que los matrimonios sean infelices», observó Friedrich Nietzsche, resaltando que el compromiso genuino se basa en una sensación de amistad que implica gratitud, respeto y apoyo mutuo. Un ejercicio interesante que a menudo pido a mis pacientes es el de generar «pactos» en los que cada miembro de la pareja define, de manera consciente y explícita, sus expectativas y deseos. Estos acuerdos no tienen como objetivo controlar al otro, sino crear una base de entendimiento y cooperación que permita afrontar los desafíos de la vida en común.

En los tiempos que corren, eso sí, me gusta recordar

que ese sentimiento de compartir un proyecto de pareja tiene que funcionar «hacia dentro», no «hacia fuera». Hoy en día las redes sociales nos ponen muy fácil fingir compromiso: Instagram, Facebook y otras plataformas están llenas de imágenes de parejas al parecer perfectas disfrutando de momentos ideales en lugares idílicos, con pies de foto que rezan cosas como: «Amor verdadero» o «El amor de mi vida». La realidad, como suele ocurrir en estos casos, es mucho menos glamurosa. Un estudio realizado por la Universidad de Brunel en Londres encontró que el 43 por ciento de las parejas que compartían constantemente publicaciones sobre su relación en redes sociales lo hacían para compensar la inseguridad que sentían sobre la misma. Es decir, las parejas que se sienten menos seguras en su relación tienden a sobrecompensar mostrando una imagen idealizada de su amor en las redes sociales. De hecho, son varios los estudios que correlacionan las fotos acarameladas con la probabilidad de ruptura: publicar muchos selfis besándonos con nuestra pareja puede ser un síntoma de que algo falla. En lugar de construir conexiones emocionales genuinas, nos preocupamos más por cómo nos perciben los demás, lo que puede llevar a una falta de autenticidad en la relación.

Diez ideas para viajar hacia el amor nutritivo

¿Qué podemos hacer para activar la búsqueda de esa mezcla de tres factores que requiere el amor sano? En terapia veo que el ideal de vínculo está cambiando, ya no perseguimos el sueño de un sentimiento cursi y rígido. Pero el imaginario colectivo sigue vendiéndonos ese concepto como ideal a través de ficciones y letras de canciones. Aunque queramos construir una relación nutritiva, caemos siempre en la trampa del amor romántico porque nos faltan referentes: repetimos los usos y las costumbres de una sentimentalidad caduca. El grupo Radio Futura poetizaba ese peligro en una de sus canciones: «Han caído los dos cual soldados fulminados al suelo / y ahora están atrapados los dos en la misma prisión / vigilados por el ojo incansable del deseo voraz / sometidos a una insoportable tensión de silencio. / Han caído los dos bajo el punto de vista exclusivo/ iniciando una guerra en que nadie pudo vencer jamás».

Para tratar de evitar caer en esa trampa romántica, animo a mis pacientes a trabajar el día a día y a evitar inercias. El vínculo consciente no se tiene, se construye: hacemos el amor en los dos sentidos de la expresión. Y esa construcción tiene que afectar a muchas áreas de la vida.

Te dejo diez ideas que me han resultado útiles en terapia durante estos años, por si algunas te sirven para tu viaje hacia el amor sano:

- Discutir los problemas hacia el futuro. En los vínculos insanos tendíamos a hablar continuamente del pasado buscando imponer nuestro criterio a la otra persona y que recapacitase sobre su actitud. Una mala táctica, porque los seres humanos nos ponemos a la defensiva cuando nos sientan en el banquillo de los acusados: encontramos siempre justificaciones a nuestra conducta y es muy difícil que pidamos perdón.

Para revitalizar la pareja, sería conveniente un acuerdo de punto cero: empezar a hablar buscando acuerdos futuros sin dar por hecho que la otra persona se va a comportar como lo ha hecho hasta ahora.

- Volver a seducir, de vez en cuando, a nuestra pareja. En las funciones del matrimonio de las que hablaba Edmund Leach se incluía asegurar la sexualidad. Por ello en el amor romántico se daba por hecho que, una vez «conquistada» la persona amada (el lenguaje era siempre bélico), ya teníamos asegurada la plaza. Por eso muchas parejas caían en la rutina una vez que terminaba la fase de seducción: daban por hecho la disponibilidad sexual del otro. Lo que era un error, porque la pasión, el segundo vértice del triángulo de Sternberg, se tiene que renovar constantemente. El erotismo no acepta elipsis, no podemos saltarnos las fases previas del sexo por las prisas de la vida cotidiana.
- Intercambiar los papeles. Uno de los fenómenos que convierte en rutinaria la vida de pareja es la asignación de papeles estereotipados. Siempre es la misma persona la que planifica las actividades, elige la ropa, decide las vacaciones, toma la iniciativa en las relaciones sexuales, etcétera. Da mucha vida a la pareja cambiar ese hábito, intercambiemos los roles de la pareja durante un tiempo.
- Ponernos un reto como pareja. Se trata de explorar juntos algún aspecto nuevo de nosotros mismos. Como hemos dicho, el amor nutritivo da energía para crecer juntos, tiene que consistir en algo más que

mirarnos el uno al otro y hablar de nuestra relación. Podemos empezar a hacer deporte juntos, introducir juguetes eróticos en nuestra vida sexual, viajar a algún lugar atractivo que suponga una aventura... Tiene que ser algo diferente y agradable.

- Preguntar como si no supiéramos nada del otro. Es importante escuchar con atención a la otra persona en lugar de interpretarla. Es tan decisivo entenderla como hacer comprensible la posición propia. No se trata de aceptar su postura, solo de comprenderla. Eso ayuda a que el otro sienta que legitimamos sus necesidades e intereses.
- Utilizar «Mensajes Yo». Se trata de sustituir el «tú» («tú no me haces caso», «tú te crees el amo», «tú siempre quieres tener razón») por el «yo» («yo me siento marginado», «me desmotivan este tipo de situaciones», «me siento triste cuando sucede esto»).
- Manifestar la ira encontrando cauces sanos para canalizarla. Da mucha vida a la relación poder manifestar resentimientos. Es muy importante encauzar la agresividad evitando los dos extremos, reprimir o explotar. Para eso debemos aprender a concedernos oportunidades para desahogarnos y expresar nuestros sentimientos sin que estos hayan llegado al punto de herir a la otra persona.
- Hablar de fantasías eróticas. Las parejas no suelen compartir sus fantasías sexuales. Normalmente se siente vergüenza porque se piensa que la otra persona va a creer que uno está deseando llevarlas a cabo. No es así: las fantasías sexuales son excitantes por el

hecho de imaginarlas y muchas veces no tienen nada que ver con lo que la persona desea hacer en realidad. Compartirlas es una forma de imaginarlas juntos.

- Tratar de especificar cuando hablemos de la otra persona. A medida que pasa el tiempo, los dos miembros de una pareja tienden a hablar del otro de forma generalizadora: «Eres un egoísta», «Nunca te apetece salir», «Solo te gusta la música tranquila»... Cambiar ese hábito y ser más específicos a la hora de hablar del otro revitaliza la pareja, porque los conflictos nunca son globales, sino que se dan por un tema y un momento en particular, y los intereses del otro cambian según su etapa vital.
- Evitar el dogmatismo. Es mejor discutir sobre posiciones flexibles acerca de necesidades, intereses y sentimientos, y no sobre posturas dogmáticas acerca de «cómo deben de hacerse las cosas». Eso ayuda a explorar todas las alternativas sin centrarse en una sola. Cuando estamos enfadados, tendemos a pensar que solo hay una solución al conflicto, algo que nunca es cierto.

La fusión de pasión y razón

El antropólogo Victor Turner acuñó el concepto de «liminalidad» para hablar de estas épocas de transición, esos momentos en que las formas de hacer las cosas a la vieja usanza han caducado, pero todavía no se han establecido hábitos nuevos completamente generalizados. Según Turner, durante este cambio, la sociedad vive en una especie de estado de shock y no es fácil encontrar normas de comportamiento universales ante los nuevos retos que surgen. Eso aumenta la incertidumbre de los ciudadanos, pero también pone en juego y optimiza su capacidad individual de toma de decisiones. Por una parte, parece cierto que muchas relaciones están viviendo un estrés suplementario por causa de esta revolución, pero, por otra, vivimos un momento muy interesante en el que podemos reinventar la pareja, una institución que ha vivido pocos cambios profundos a lo largo de la historia y que quizá convenga cambiar.

El siglo XX trajo consigo un nuevo medio para la difusión del mito del amor romántico: el cine. Hollywood, con su maquinaria bien engrasada para producir sueños, adoptó la narrativa del amor romántico con entusiasmo. Desde *Lo que el viento se llevó* hasta *Titanic*, las películas nos han mostrado una y otra vez que el amor es iluso y no hay que trabajarlo, porque es algo que, hagamos lo que hagamos, se encuentra, se pierde y, si uno tiene suerte (y cuenta con un guionista talentoso), se recupera justo a tiempo para los créditos finales. Este tipo de sentimiento siempre viene acompañado de grandes gestos: un hombre corriendo bajo la lluvia para confesar su amor, una pareja separada por las circunstancias, pero reunida en un acto final de desafío al destino, o el sacrificio de uno por el bienestar del otro.

Pero el siglo XXI está acabando con ese tipo de requerimiento tóxico. El amor sano, por el contrario, es una combinación equilibrada de pasión y razón, una fusión que permite sostener una relación en un mundo moderno caracterizado por la libertad y la autonomía. En una sociedad que valora la independencia y el crecimiento individual, el amor consciente ofrece una alternativa sostenible y enriquecedora y que no exige renunciar a uno mismo, sino que permite que ambas personas colaboren en un proyecto común sin sacrificar su individualidad. En el amor consciente la razón ayuda a mantener el equilibrio y a tomar decisiones que beneficien a ambos, mientras que la pasión aporta vitalidad y entusiasmo.

Un estudio de la Universidad de California demostró que las parejas que combinan metas individuales con proyectos comunes experimentan una satisfacción y estabilidad mayores a largo plazo. Este enfoque facilita que cada persona siga desarrollándose sin que la relación se convierta en una carga. En el amor consciente, la pasión y la razón coexisten en una dinámica fluida que sostiene y nutre el vínculo, con lo que ambos se sientan libres y conectados. Es, en última instancia, una celebración de la libertad y el hedonismo, la alegría de compartir sin poseer, el placer de crecer junto al otro sin la necesidad de limitarse.

Además, este tipo de sentimiento no es estático, es un proceso continuo de crecimiento y evolución. Esto significa estar abiertos al cambio, aprender de los errores y trabajar juntos para superar los desafíos. El compromiso con el crecimiento mutuo también implica apoyarse el uno al otro en la consecución de metas y sueños individuales. En lugar de ver las ambiciones de la otra persona como una amenaza, una pareja que cultiva el amor auténtico se anima y se sostiene en el camino hacia el éxito personal y compartido. El amor sano es un viaje compartido, una danza en la que ambos se acompañan sin dejar de ser ellos mismos. Si el amor romántico se caracterizaba por la intensidad, el amor consciente se distingue por su profundidad y estabilidad. En lugar de caer en las redes del apego ansioso y la dependencia emocional, nos invita a reconocer y honrar la autonomía del otro, y establecer una conexión más duradera y genuina.

Durante siglos, el amor romántico ha sido fuente de inspiración en la literatura, pero también se había convertido en una trampa emocional. Podía transformarse con facilidad en una adicción psicológica, desencadenando una relación que oscilaba entre el deseo ardiente y el dolor desgarrador. Al construir un amor consciente, sin embargo, damos un paso hacia un vínculo sin obsesión ni celos, donde la relación no nace de la necesidad de llenar un vacío personal, sino de una elección mutua de construir algo profundo y auténtico. Aquí surge el concepto del amor como un «proyecto de vida», una unión que no pretende consumir al otro, sino integrarlo en nuestro propio desarrollo y crecimiento.

El amor consciente es, en definitiva, un retorno a nosotros mismos, un espacio en el que el amor se convierte en una fuente de energía y de alegría, en una oportunidad de experimentar la vida en su máxima expresión sin renunciar a nuestra esencia. Como he intentado mostrar en este libro, es la forma más sana de esquivar la trampa del amor iluso, puramente hormonal, que propugnaba el Romanticismo.

El filósofo Alain de Botton sugiere que, para el siglo XXI, necesitamos un «nuevo romanticismo» que no se base en la dependencia, sino en el respeto y la aceptación del otro como individuo. Esta nueva perspectiva se centra menos en la idealización tramposa y más en el compromiso de acompañar al otro sin intentar moldearlo. Quizá, entonces, el amor ahora sea una aventura más auténtica, en la que la pareja es compañera de viaje, pero nunca un destino final. De esa forma, la libido canalizada por el amor consciente nos aportaría la energía necesaria para la mayor tarea del ser humano: darnos nacimiento a nosotros mismos.

Agradecimientos

Agradecimiento infinito a Cristina Lomba y Pepa Cornejo: han aportado tanto a este libro que, para mí, son coautoras de *La trampa del amor*.